학원을 이기는
독학영어회화 2

지은이 박준영은 대학에서 영문학을 전공하였으며, 강남과 종로 등의 어학원에서 수년간의 강사 경험을 바탕으로 지금은 영어교재 전문기획 프리랜서로 활동하고 있으며 랭컴출판사의 편집위원으로서 영어 학습서 기획 및 저술 활동에 힘쓰고 있다.

SCAN HERE!
MP3 파일 본문 전체 무료 다운로드
www.lancom.co.kr / 랭컴(블로그)

학원을 이기는
독학영어회화 2

2025년 6월 10일 개정판 1쇄 인쇄
2025년 6월 15일 개정판 1쇄 발행

지은이 박준영
발행인 손건
편집기획 홍미경 김상배
마케팅 최관호
디자인 김선옥
제작 최승용
인쇄 선경프린테크

발행처 **LanCom** 랭컴
주소 서울시 영등포구 영신로34길 19
등록번호 제 312-2006-00060호
전화 02) 2636-0895
팩스 02) 2636-0896
홈페이지 www.lancom.co.kr

ⓒ 랭컴 2025
ISBN 979-11-7142-086-5 13740

이 책의 저작권은 저자에게 있습니다. 저자와 출판사의 허락없이
내용의 일부를 인용하거나 발췌하는 것을 금합니다.

10년 배워도 그대로인 영어회화 단숨에 업그레이드하기

학원을 이기는
독학 영어 회화

박준영 지음

2

독하게 배워서
독하게 써먹자!

현재의 영어는 영미인의 말일 뿐만 아니라 소위 국제어(International Language)로서의 역할을 감당하고 있습니다. 그 증거로 영미인이 한 사람도 참가하지 않은 국제회의에서 영어가 공통어로 사용되고 있는 것을 종종 확인할 수 있는데요. 이와 같이 너무나 중요한 언어가 되어 버린 영어를 능숙하게 말하는 건 21세기를 살아가는 우리들에게 꼭 필요한 것이 되어버렸습니다.

수많은 매체들을 통해 영단어와 회화를 접하고, 겹겹이 쌓여가는 책들이 나의 영어 실력을 말해주기라도 하는 것 같아 새로운 책이 나올라치면 누구보다 먼저 서점으로 달려가기도 하지만 이내 한두 페이지 넘기고는 포기하기가 일쑤인 영어공부는 언제나 큰 과제입니다.

왜 그럴까요? 아마도 영어라는 언어가 가지고 있는 특별한 무언가가 있는 걸까요?

때때로 영어회화는 학교에서 배운 영어, 읽고 쓸 때의 영어와는 다른 특별한 기술이 필요한 것이 아닌가 하고 생각하는 사람들이 있습니다. 말이라는 것이 원래 음성을 사용해 서로의 의사를 전달하는 수단이므로 회화는 언어의 본질이고, 음악에 쓰이는 악보처럼 회화를 기록해 두기 위해 생각해낸 것이 문자입니다. 우리들이 생활하고 있는 문명사회에서는 문자에 의한 전달이 차지하는 비율이 꽤 많기 때문에 문자 언어와 회화 언어가 서로 달리 존재하는 것이 아닌가 하는 착각에 빠지기 쉽지만, 음성언어 즉 회화가 말의 본질인 점은 조금도 변함이 없습니다. 단지 상당히 오랜 기간이 지나오면서 관용적 표현이나 문장의 길이 등의 문체적인 면에서 문법과 회화 사이에 다소 차이가 생겨난 것일 뿐입니다.

이 점을 포함해 회화를 위한 언어의 특징을 들어보면

1) 음성만을 수단으로 한다.
2) 따라서 순간적인 말 또는 동작에 의한 응답이 요구된다.
3) 회화 특유의 관용 표현이 쓰인다.

라는 것이 생깁니다.

위와 같은 특징에 대비해 회화를 공부하려면 듣는 훈련과 발음 훈련이 가장 중요하고, 머릿속에서 번역할 여유가 없이 무의식중에도 영어가 입 밖으로 튀어 나올 수 있도록 문형을 확실히 외우고 반복 훈련을 해두어야 합니다.

이와 같은 것은 다른 외국어를 배울 때에도 가장 먼저 해두어야 하는 것으로, 이런 훈련들을 통해 문자에 의한 독서력과 작문의 증진에도 도움을 얻을 수 있습니다.

이 책은 이런 취지를 실현하기 위해 구성에도 특별한 연구를 했으므로 잘 활용하기 위해서 반드시 '이 책의 특징'을 확인해 주세요.

여러분의 영어 실력 향상에 조금이라도 도움이 되기를 희망합니다.

이 책은 영어회화를 처음부터 제대로 배우고 싶은 학생들과 배운지 오래되어 회화의 감각을 잃어버린 성인들에게 쉽고 정확하게 영어회화의 기본기를 잡아주기 위해 만들어진 책입니다.

: 이 책의 특징 :

● Unit 2권은 총 24개의 Unit으로 구성되어 있으며 일상생활, 해외여행, 비즈니스 등에 관련된 표현을 주제별로 구성하여 영어회화를 완벽하게 마스터할 수 있도록 하였습니다.

● Basic Expressions 각 Unit의 중심이 되는 내용들로, 학습 후 다른 것은 잊어버리더라도 이 표현들만은 꼭 알아두어야 하는 문형이나 표현입니다.

● Know This 간단한 대화문을 통해 그에 관련된 어법과 패턴 등 강의식 해설을 두어 보다 쉽게 영어회화의 기본을 다질 수 있도록 하였으므로 강의를 듣지 않고도 얼마든지 혼자서 회화를 배울 수 있습니다.

● Dialogue 실제 대화에 적용할 수 있도록 Basic Expressions와 표현해설에 언급된 영어회화를 반복되도록 구성한 자연스런 대화입니다.

● Exercise 각 Unit의 내용을 잘 파악했다면 어렵지 않게 대화문 또는 단문에서 요구한 회화를 완성할 수 있습니다. Exercise를 통해 공부한 내용을 확인해보세요. 외국어 학습에는 반복연습이 무엇보다 중요합니다.

● Column 말은 문화의 산물이므로 말의 진정한 의미와 사용법을 알기 위해서는 그 배경인 사회 배경을 알아야 합니다. Column은 영어 사회의 관습 속에 살아 있는 생생한 말을 깊이 있게 공부할 수 있도록 여러분을 도울 것입니다.

● MP3 파일 이 책은 네이티브 스피커가 일반적인 대화의 속도로 본문의 전 내용을 녹음한 MP3용 파일을 www.lancom.co.kr에서 제공하고 있어 독자 여러분들이 듣고 말하기에 많은 도움이 될 것입니다. 그리고 각 Unit마다 QR코드가 있어 즉석에서 원어민의 발음을 확인할 수 있습니다.

Contents

Unit 01	쇼핑 _비교와 선택	10
Unit 02	쇼핑 _수량과 단위	18
Unit 03	쇼핑 _ 크기와 색깔	26
Unit 04	쇼핑 _ 가격흥정	34
Unit 05	요리에 관한 표현	42
Unit 06	식당에서의 주문 표현	50
Unit 07	마실 것에 관한 표현	58
Unit 08	길안내에 관한 표현	66
Unit 09	교통에 관한 표현	76
Unit 10	예약에 관한 표현	84
Unit 11	병원에서의 표현	92
Unit 12	전화에 관한 표현	100

Unit 13	비즈니스 _만남과 소개	110
Unit 14	파티에 관한 표현	120
Unit 15	계획과 희망에 관한 표현	130
Unit 16	의견에 관한 표현	138
Unit 17	문제 대처에 관한 표현	148
Unit 18	맞장구에 관한 표현	160
Unit 19	빈도에 관한 표현	170
Unit 20	상태ㆍ정도에 관한 표현	182
Unit 21	상대를 배려하는 표현	192
Unit 22	소문을 말할 때	202
Unit 23	가정에 관한 표현	212
Unit 24	격려와 위로에 관한 표현	222

Unit  학습일

쇼핑_비교와 선택

유럽이나 미국에서는 일요일에 쉬는 가게가 무척 많고, 평일이라 해도 일찍 문을 닫는 가게가 많기 때문에 헛걸음을 하지 않으려면 미리 영업시간이나 휴일을 알아두는 게 좋습니다. 주인이나 점원이 **Are you looking for something?**(찾는 거 있으세요?/ 어서 오세요.)이라고 물으면 일단 **I'm just looking.**(그냥 둘러볼게요.)이라고 대답해 두세요. 말을 걸었는데 대답하지 않으면 실례가 되니까요.

날마다 쓰는 베스트 기본문장 따라 읽기

Step 1 : 원어민 음성 무작정 듣기 > **step 2** : 크게 소리내어 따라 읽기 > **step 3** : 문장의 뜻 확인 하며 다시 읽기 > **step 4** : 혼자서 문장 읽어보기

001 소재는 무엇인가요?

What is this made of?

002 이건 핸드메이드인가요?

Is this hand-made?

003 이것은 무슨 가죽입니까?

What kind of leather is it?

004 이 블라우스는 물세탁할 수 있습니까?

Is this blouse washable?

005 이 둘은 어떤 차이가 있습니까?

What's the difference between these two?

006 이 바지는 다림질이 필요 없습니까?

Are these pants drip-dry?

007 이쪽이 질이 좋아요.

This one is finer quality.

이것만은 꼭 알아두자!

차이를 알아 볼 때

What's the difference ~?

A: **What's the difference between these two?**
이 둘은 어떤 차이가 있습니까?

B: **Both are pure wool. This one is finer quality. It's made of cashmere.**
둘 모두 울 100%입니다. 이쪽이 질이 더 좋습니다. 캐시미어이니까요.

'차이, 상이점'은 difference를 씁니다. difference between A and B라는 형으로 A와 B의 차이를 의미합니다.
What's the difference ~?는 구체적인 상이점을 묻는 표현으로 차이가 있는지 없는지를 물을 때는 Is there any difference ~?라는 표현을 사용합니다.

소재를 알아 볼 때

What is this made of?

A: **What is this made of?**
소재는 무엇입니까?

B: **This is 100% cotton.**
면 100%입니다.

be made of ~는 '소재, 제재'를 나타내고, be made from ~은 '원료'를 나타내는 표현입니다.

- **The house is made of woods.**   그 집은 나무로 되어 있다.
- **The bread is made from flour.**   그 빵은 밀가루로 만들어져 있다.

KNOW THIS!

'~가 포함되어 있다'는 contains을 씁니다. (include는 아니므로 주의할 것)

- **Does it contain chemical fiber?** 화학섬유가 포함되어 있습니까?

또한 다음과 같은 것도 알아두자.

- **What kind of leather is it?** 이것은 무슨 가죽입니까?

품질을 알아 볼 때

> **Is this blouse washable?**
>
> A : **Does it shrink if I wash in cold water?**
>   물세탁하면 줄어듭니까?
>
> B : **Yes, but just a little bit.**
>   예, 약간 줍니다.

shrink는 동사로 '줄다'라는 의미입니다('신적으로 주눅 들다, 위축하다'라는 의미도 있습니다). 다음은 상품을 고를 때 알아두어야 할 표현입니다.

- **Is this blouse washable?** 이 블라우스는 물세탁할 수 있습니까?
- **Is this dress wash-and-wear?** 이 드레스는 다림질이 필요 없습니까?
- **Are these pants drip-dry?** 이 바지는 다림질이 필요 없습니까?
- **Is this ring 24 carat gold?** 이 반지는 24금입니까?
- **Is this watch waterproof?** 이 손목시계는 방수가 됩니까?
  (water-resistant는 완전 방수가 아니라 내수성이 있다는 것)

대화를 들어볼까요?

미라가 통신판매 카탈로그에서 케이트와 물건을 고르고 있다.

Mira : I'm looking for a birthday gift for my father. What do you suggest for a fifty-year-old man?

Kate : Well, how about this cardigan? This is a brand-new* item.

Mira : I think it's a bit too flashy*. He's very conservative*, but he likes to be in style*.

Kate : What about this classic polo-neck?

Mira : It's nice. But it's a bit expensive. Can you find anything cheaper, say for* around $80?

Kate : Here's something. Look! This polo-neck is $80 exactly.

Mira : He'll like it. What is it made of?

Kate : It's a cotton-linen* blend*.

Mira : Is there any difference between this one and that one?

Kate : Yes, this one is finer quality.

brand-new 신제품인 **flashy** 화려한, 눈에 띄는 **conservative** 수수한 **in style** 멋진, 센스 있는 **say for** 의견을 말할 때의 표현 **linen** 리넨, 아마포 **blend** 혼방

✓ 1 2 3 **DIALOGUE**

미라 : 아버지 생신 선물을 고르고 있어요. 50세 정도 분에게 무엇이 좋을까요?
케이트 : 그럼, 이 가디건은 어때요? 신제품이에요.
미라 : 좀 야한 것 같은데요. 아버지는 수수하시지만 모양도 중시하시죠.
케이트 : 그럼, 이 클래식 폴로면 좋지 않겠어요?
미라 : 그것이 좋겠군요. 그런데 좀 비싸군요. 좀 싼 80달러 정도의 것 없어요?
케이트 : 있어요. 봐요. 이 폴로 80달러에요.
미라 : 이거면 좋아하실 것 같군요. 소재가 뭐죠?
케이트 : 면과 마 혼방이에요.
미라 : 이것과 저것은 무슨 차이가 있죠?
케이트 : 이쪽이 질이 좋아요.

Tip

통신판매는 입어 볼 수 없으니까 소재나 사이즈를 신중히 고르는 게 좋아요.
무난한 것에서부터 시작하는 것이 좋겠지요.

빈칸을 채워보세요

→ 당신은 친구와 함께 식당으로 식사하러 갔다.

1 와인리스트를 보면서 가게의 하우스 와인과 '마담'이라는 브랜드 와인과의 차이를 물어보자.

당신 : What is the ⬚① your house wine and the "Madame"?

하우스 와인과 '마담'은 무슨 차이가 있습니까?

웨이터 : Well, our house wine is sweeter.

하우스 와인 쪽이 단 맛이 있습니다.

선희 : That's true.

맞아요.

2 스테이크의 소스가 매우 맛있어서 눈 깜짝할 사이에 먹어 치웠다. 소스는 무엇으로 만들었을까?

당신 : The sauce is so beautiful! What do you think this is ⬚② ?

소스가 매우 맛있어. 무엇으로 만들었을 것 같아?

친구 : It may be made of a lot of vegetables and fruits.

야채와 과일을 많이 사용한 것 같아.

3 디저트 메뉴를 가지고 온 웨이터가 디저트를 권한다.

웨이터 : I recommend our cakes.

케이크를 드셔 보세요.

All of the cakes are made ⬚③ organically cultivated flour.

EXERCISE

케이크는 유기 재배한 밀가루로 만들었습니다.

당신 : **Then I will have a piece of strawberry cake, with a cup of decaffeinated coffee.**

그럼 딸기 케이크 한 조각과 카페인 없는 커피 한 잔 주세요.

COLUMN

★ **통신판매와 미국의 역사**

최근에는 해외 통신판매(**overseas shopping by mail**)도 팩스(**fax, facsimile**)나 인터넷(**Internet**)으로 간단히 주문할 수 있게 되었습니다.

이러한 통신판매(**mail order**)의 역사는 미국의 역사이기도 합니다. 지금으로부터 120년 전, 1872년 몽고메리 워드가 1장의 편지에 상품, 가격과 구입방법을 기재한 것을 지방 농민에게 우송한 것이 시작입니다. 세계 최대 규모의 소매업자로 발전을 이룩한 시어즈사(**Sears**)가 통신판매를 시작한 것이 그로부터 14년 후인 1886년, 링컨(**Lincoln**)이 암살당한 것이 1865년, 미국 대륙횡단철도(**Transcontinental Railroads**)가 개통된 것이 1869년이니까 그 역사의 깊이에 놀랄 정도입니다. 상품을 통신으로 광고하고 통신으로 배달하고 그리고 통신으로 대금을 결재하는 형태는 광대한 국토를 가진 미국에서 생겨날 수 있는 체계인 것입니다.

1900년 당시 카탈로그의 두께는 3.5cm이고 일용품은 물론 마차, 총까지 게재되어 있었습니다. 지금처럼 교통망이 발전되지 않았던 시절, 지방의 사람들이 상품을 살 수 있었던 중요한 수단이었던 것입니다.

Answers
① **difference between**   ② **made of**
③ **from** (여기서는 of가 아니라 원료를 나타내는 make from을 사용한다.)

Unit 02

학습일

쇼핑 _ 수량과 단위

물질명사라고 들어보셨죠? 물, 우유, 빵, 가루처럼 그 자체로는 나누어 셀 수가 없는 것들을 말합니다. 그래서 물질명사는 그릇이나 모양, 또는 각각의 측정 단위로 계산해요. 예를 들면 **a glass of water**(물 한 잔) / **two cartons of milk**(우유 두 팩) / **a piece of cake**(케이크 한 조각) / **a slice of roast beef**(로스트비프 1개) 등으로 말이죠. 쇼핑 할 때 꼭 필요하겠죠?

Two black coffees, please.

날마다 쓰는 베스트 기본문장 따라 읽기

Step 1 : 원어민 음성 무작정 듣기
step 2 : 크게 소리내어 따라 읽기
step 3 : 문장의 뜻 확인 하며 다시 읽기
step 4 : 혼자서 문장 읽어보기

008 블랙커피 두 잔 주세요.
Two black coffees, please.

009 롤케이크 반 덩이 주세요.
Half loaf of roll cake, please.

010 한 팩에 몇 개 들어 있나요?
How many are there in a packet?

011 한 덩이 얼마예요?
How much is a piece?

012 반 덩이 주세요.
I'll take a half piece.

013 이것이 6개들이 콜라 팩입니다.
Here is a six-pack of Coke.

014 한 캔만 살 수 있나요?
Can I have just one can, please?

이것만은 꼭 알아두자!

~덩어리

loaf of ~

- **a loaf of bread** — 빵 한 덩이
- **a loaf of lettuce** — 양상추 한 묶음
- **a six-pack of coke** — 6개들이 콜라 1상자
- **a eight-pack of chewing gum** — 8개들이 츄잉껌 1개

빵 한 덩이, 롤 케이크 등 큰 덩어리인 경우에는 **loaf of ~**를 쓰며, 양배추 등의 한 묶음도 **loaf of ~**로 셉니다.

- **a half loaf of roll cake** — 반 덩이의 롤 케이크

또한 청량음료나 맥주 등 몇 개가 1상자로 되어 있는 것은 **pack of ~**로 셉니다.

~팩

carton of ~

- **two cartons of milk** — 우유 2팩
- **a carton of cigarettes** — 담배 1보루
- **a package of cigarettes** — 담배 1갑
- **a two-ounce package of tea** — 2온스들이 홍차 1포

시리얼 푸드 등 판지 또는 우유팩으로 되어 있는 경우는 **carton of ~**로 세며, 담배처럼 '부드러운' 종이로 포장되어 몇 개를 묶어서 판매하고 있는 것은 **package of ~**로 셉니다.

봉지에 든 쿠키나 포테이토칩 등은 **bag of ~**로 셉니다.

KNOW THIS!

- **a bag of cookie** 쿠키 1봉지
- **two bags of chips** 포테이토칩 2봉지

~조각

slice of ~

- **a slice of roast beef** 로스트비프 1개
- **a piece of apple pie** 애플파이 1조각
- **a piece of chocolate** 초콜릿 1조각

빵이나 햄처럼 큰 덩어리를 얇게 썬 것은 **slice of** ~로 세며, 케이크나 치즈 등 큰 덩어리를 작게 자른 것은 **piece of** ~로 셉니다.

대화를 들어볼까요?

→ 미라가 해외여행 중에 시장에 들렀다.

Clerk 1 : Who's next?

Mira : I am. Let's see …. What kind of cheese is this?

Clerk 1 : It's Cheddar.

Mira : How much is a piece?

Clerk 1 : $19.99.

Mira : Well, I'll take a half piece.

Mira : Do you have any scallops*?

Clerk 2 : Yes, we do. They just came in.

Mira : All right. A half pound* of scallops, please.

Mira : Do you have bottles of Coke?

Clerk 3 : Sorry, we only have canned* Coke. Here is a six-pack of Coke.

Mira : Can I have just one can, please?

Clerk 3 : I'm afraid not.

scallops 가리비   pound 파운드 (중량의 단위로 약 454그램 기호는 lb)
canned 캔에 들은

DIALOGUE

점원 1 : 다음 분?
미라 : 접니다. 어디 봅시다. 이것은 무슨 치즈입니까?
점원 1 : 체다 치즈입니다.
미라 : 한 덩이 얼마입니까?
점원 1 : 19달러 99센트입니다.
미라 : 그럼, 반 덩이 주십시오.

미라 : 가리비 있습니까?
점원 2 : 있습니다. 방금 들어온 것입니다.
미라 : 좋아요, 반 파운드 주십시오.

미라 : 병 콜라는 있습니까?
점원 3 : 죄송하지만, 캔콜라만 취급합니다. 이것이 6개들이 팩입니다.
미라 : 한 캔만 살 수 있습니까?
점원 3 : 아뇨, 안 됩니다.

물건 세는 법을 잘 몰라서 쓸데없이 큰 덩이의 치즈를 사거나, 캔 음료 1개만 사려다가 1상자를 사서는 안 되겠지요. 여기서 확실히 마스터해봅시다.

빈칸을 채워보세요

→ 당신은 해외여행 중 친구와 슈퍼마켓에서 물건을 고르고 있다.

1 스낵코너에 한국에는 없는 큰 크기의 과자를 발견했다.

   친구 : **Look at this. This is so huge.**
   이걸 봐요. 정말 크네.

   당신 : **Let's have two ① _____ chocolate and a ② _____ of chips.**
   초콜릿 2상자와 감자칩 1봉지를 사자.

2 음료 코너에서 신기한 맛이 나는 미네랄워터를 발견했다.

   친구 : **That's very interesting. Flavored mineral water.**
   재미있네. 맛을 낸 미네랄워터야.

   당신 : **I'll have a ③ _____ of this.**
   이것을 한 병 사겠어.

   친구 : **And I'll have a pack of soda pop.**
   나는 탄산음료를 1팩 사겠어.

3 카메라 필름이 떨어진 것을 알았다.

   당신 : **I'm going to buy three ④ _____ of film.**
   나는 필름을 3통 사야겠어.

EXERCISE

COLUMN

★ 상품의 패키지에 있는 영어를 읽어보면 도움이 되는 것들을 배울 수 있습니다.

- directions for use — 사용방법
- ingredients — 내용물, 성분
- net contents / net weight — 내용물 중량 (약어로 **NET WT**)
- very low sodium — 저염분
- no salt added — 염분무첨가
- fat free — 지방분 없음
- organic — 유기식품
- SELL BY OCT 1 — 유통기한 10월 1일

다음으로 미국적이라고 할 수 있는 주의문구입니다.

- **TAMPER RESISTANT PACKING FEATURES FOR YOUR PROTECTION**
  안전을 위해 고의로 상자를 개봉한 흔적이 있는 경우에는 알 수 있도록 되어 있습니다.

- **WARNING : THE SURGEON GENERAL HAS DETERMINED THAT CIGARETTE SMOKING IS DANGEROUS TO YOUR HEALTH**
  경고 : 미국 공중위생국장은 흡연이 인체에 유해하다는 결론을 내렸다.

Answers

① **boxes**   ② **bag**   ③ **bottle**   ④ **rolls**

Unit 03

쇼핑 _크기와 색깔

외국에서 쇼핑할 때는 한국에서보다 더 꼼꼼하고 정확하게 점원에게 설명해야 합니다. **Do you have the same one in different patterns?**(같은 것으로 다른 무늬 있어요?) / **Can you show me one in a lighter color?**(더 밝은 색을 보여주세요.) 사이즈도 한국과 차이가 있을 수 있으므로 꼭 입어 보고 구입하세요. **I'd like to try it on.**(입어보고 싶어요.)

날마다 쓰는 베스트 기본문장 따라 읽기

Step 1 : 원어민 음성 무작정 듣기
step 2 : 크게 소리내어 따라 읽기
step 3 : 문장의 뜻 확인하며 다시 읽기
step 4 : 혼자서 문장 읽어보기

015 사이즈는 어떻게 됩니까?

What is your size?

016 이 나라의 사이즈는 모릅니다.

I don't know my size in this country.

017 더 큰 사이즈를 보여주시겠어요?

Will you show me a larger size?

018 소매를 줄여 주시겠습니까?

Would you make the sleeves shorter?

019 더 밝은 색을 보여주시겠어요?

Can you show me one in a lighter color?

020 이 디자인이 지금 유행하고 있습니까?

Is this design in fashion now?

021 이런 종류로 다른 것이 있습니까?

What else do you have of this kind?

무늬와 모양 · 표현

in different patterns

A: **Do you have the same one in different patterns?**
같은 것으로 다른 무늬는 없습니까?

I prefer the checkered one.
체크무늬가 좋습니다만.

B: **Sorry, but stripes are the only pattern we have.**
미안하지만, 줄무늬뿐입니다.

the same one in different patterns는 '같은 것으로 다른 무늬'라는 뜻으로 in different colors는 '다른 색', in different material은 '다른 소재', in cotton은 '면 소재'라는 표현이 됩니다. 이처럼 색깔, 무늬 또는 소재는 in을 씁니다. 또한, with V-neck 'V넥 디자인으로', with center-front slit '앞 가운데가 터진 디자인으로'처럼 부분적인 디자인은 with를 써서 표현합니다.

사이즈에 관한 표현

What is your size?

A: **I'd like to try it on.**
그걸 입어보고 싶습니다.

B: **How do you like it?**
어떻습니까?

A: **It's tight here around the waist.**
허리둘레가 낍니다.

B: **What is your size?**
사이즈는 어떻게 됩니까?

A: **I don't know my size in this country.**
이 나라의 사이즈는 모릅니다.

KNOW THIS!

> B: **Well, I'll measure you.**
> 그럼, 재 드리지요.

'입어보다'라는 표현은 **try ~ on**입니다. 탈의실은 **fitting room**. '끼다'는 **tight**, 반대로 '헐렁한'은 **loose**입니다. '~주위'는 **around**를 씁니다. '사이즈를 재다'는 **measure**이며, **I'll measure you.**는 '사이즈를 재겠다.'입니다.
보다 정중한 표현으로는 **Let me take your measurements.**를 씁니다. 이 경우 여기저기 치수를 재는 것이므로 명사 **measurement**는 복수형으로 합니다.

수선해 달라는 표현

make ~ shorter[longer]

> A: **Would you make the sleeves shorter?**
> 소매를 줄여 주시겠습니까?
>
> B: **Yes, it'll take three days.**
> 예. 3일 걸립니다.
>
> **We can make them shorter free of charge.**
> 무료로 줄여드리고 있습니다.

치수를 줄이거나 늘릴 경우에는 **make ~ shorter[longer]**라는 표현을 씁니다. 이와 같이 사이즈를 맞추는 것은 **adjust the waist** '허리를 맞추다'처럼 **adjust**를 씁니다.

대화를 들어볼까요?

→ 해외여행에서 혼자 쇼핑을 하는 미라. 재킷을 고르고 있다.

Mira : Could you show me something like in the window, but in a different color? Do you have a moss green one?

Clerk : Sure. Try this on*. Do you like it?

Mira : Yes, I like this collar*. But I don't like padded* shoulders.

Clerk : Well, how about this?

Mira : It's too big for me.

Clerk : I'll bring you a smaller one. Here you are.

Mira : This is just my size. But sleeves* are still too long.

Clerk : Let me see, well … we can turn back the cuffs*. That looks terrific! We also have a really good blouse to wear underneath* it.

try on 입어보다 **collar** 깃 **padded** 패드가 든 **sleeve** 소매
cuff 소매단, (와이셔츠의) 커프스, (바지의) 단 **underneath** ~의 아래에, ~의 밑에

DIALOGUE

미라 : 진열장 속에 있는 것과 같은 것으로 다른 색을 보여주시겠습니까? 황록색은 있습니까?

점원 : 예, 이걸 입어보십시오. 마음에 드십니까?

미라 : 옷깃은 마음에 드는데 어깨패드가 있는 것은 싫습니다.

점원 : 그럼 이것은 어떻습니까?

미라 : 너무 크군요.

점원 : 좀 작은 것으로 가져다 드리지요. 여기 있습니다.

미라 : 이것은 꼭 맞는군요. 그런데 소매가 긴 것 같습니다.

점원 : 어디 볼까요. 소매를 접으면 어떻겠습니까? 멋지군요! 손님, 이것과 받쳐 입으면 어울릴 블라우스가 있는데요.

점원의 능숙한 판매에 넘어가서 마음에 들지 않는 것을 사지 않도록 자신이 좋아하는 디자인, 색을 정확히 말하세요.

빈칸을 채워보세요

→ 당신은 친구와 함께 쇼핑하러 외출했다. 친구는 옷을, 당신은 구두를 사려고 한다.

1 진열장에 친구에게 어울리는 블라우스가 진열되어 있다. 입어보라고 권유해보자.

당신 : **Hey, look at this. I'm sure it will look great on you.**
이걸 봐! 너에게 잘 어울릴 거야.

친구 : **But don't you think it's too flashy for me?**
그런데 나에게는 너무 야한 것 같지 않아?

당신 : **Let's ① _____ it on and find out.**
우선 입어보지 그래?

2 입어 보았지만 팔이 좀 큰 것 같다. 다른 색도 입어보자.

당신 : **I like the square-cut neckline.**
목둘레가 사각인 것이 좋겠어.

Is the color all right with you?
색은 괜찮니?

친구 : **Actually, I'd like to try a ② _____ in a smaller size.**
실은 다른 색으로 사이즈가 더 작은 것을 입어보고 싶어.

It seems just too loose under the arm.
팔이 너무 헐렁한 것 같아.

3 당신이 구두를 살 차례이다. 점원에게 좋아하는 구두를 설명해보자.

당신 : **I'm looking for a pair of low-heeled brown pumps.**
굽이 낮은 갈색 구두를 찾고 있습니다.

I usually wear size 6.

EXERCISE

점원 : 사이즈는 6입니다.

점원 : **Would you like to try these on? They just arrived today.**
이것을 신어 보시겠어요? 오늘 방금 들어왔습니다.

당신 : **I feel a little too** ③ _____ **around toes.**
발가락이 죄는 것 같습니다.

Do you have a bigger size?
더 큰 사이즈는 있습니까?

C | O | L | U | M | N

★ 색의 이미지

색에 대한 이미지는 문화권에 따라 다르다고 할 수 있습니다. 여기에서는 영어권의 예를 설명해 보겠습니다.

- **blue** 우울, 비관적, 맑게 갠, 솔직, 무구, 용기, 공평함, 마음을 진정시키는 (진정제도 푸른색으로 착색)
- **brown** 땅, 검소함, 가을, 쓸쓸함, 금욕 (수도자의 옷 색깔)
- **gray** 원숙, 애매함, 음울, 적적함
- **green** 미숙, 무지, 질투, 생명, 자연, 식물, 부활, 영원, 불멸, 봄 (이것과 관련해서 기대나 희망도 의미합니다.)
- **pink** 여성다움, 환희, 청춘, 육체 (**in the pink**로 건강, 원기)
- **purple** 화려, 정의, 위엄 (성직자의 옷 색깔)
- **red** 불, 빛, 피, 용기, 복수, 노여움
- **white** 결백, 순진
- **yellow** 태양, 선정적, 내성적, 질투, 황달, 비열 (**You are yellow.**라고 하면 상대방을 모욕하는 말이 됩니다.)

Answers

① **try**　② **different color**　③ **tight**

Unit 04

학습일

쇼핑 _가격흥정

쇼핑을 할 때 흥정은 기본이죠? 특히 현금으로 물건을 판매하는 재래시장이나 관광객을 상대로 가격이 비싸게 책정되어 있는 가게에서는 잘 깎아야 해요. 일단 **How much is it?**(얼마입니까?)라고 묻고, **It's too expensive.**(너무 비싸요.) 하면서 손사래를 좀 쳐주고, **Can you give me a discount?**(할인해 주시겠습니까?)라고 졸라 보죠!

Can you give a discount on this??

날마다 쓰는 베스트 기본문장 따라 읽기

Step 1 : 원어민 음성 무작정 듣기 > **step 2** : 크게 소리내어 따라 읽기 > **step 3** : 문장의 뜻 확인하며 다시 읽기 > **step 4** : 혼자서 문장 읽어보기

022 이건 얼마인가요?

How much is this?

023 전부 얼마인가요?

How much are they in all?

024 세금이 포함된 가격인가요?

Does the price include tax?

025 좀 깎아 주시겠어요?

Can you give me a discount on this?

026 너무 비싸요.

That's too much for me.

027 영수증을 주시겠어요?

Can I have a receipt?

028 이것을 환불해 주세요.

I want to get a refund on this.

이것만은 꼭 알아두자!

가격을 묻는 표현

How much is[are] ~?

A: **How much is that sweat shirt?**
저 스웨트 셔츠는 얼마입니까?

B: **$28, sir.**
28달러입니다.

A: **Can I buy it tax-free?**
면세로 살 수 있습니까?

B: **No, I'm afraid not. You have to pay 7% sales tax.**
7%의 판매세가 있습니다.

A: **O.K, I'll take it.**
예. 그것을 사겠습니다.

값을 묻는 표현은 How much is[are] ~?입니다. 미래형을 써서 How much will that be?라고 할 수 있는데 이것은 좀 겸손한 표현이 됩니다.
여러 개를 사고 총액을 물을 때는 How much is it all together?(전부 얼마입니까?), 1개의 값을 물을 때는 How much for one?이라고 합니다.

가격을 흥정하는 표현

Could you make it cheaper?

A: **I'll have two dozen T-shirts. And I am wondering if I could get a discount for buying so many at once.**
티셔츠를 24벌 사겠습니다. 이만큼을 사면 할인해 줍니까?

B: **Mmm ⋯ I'll take a dollar off the price of each one.**
음⋯ 1벌에 1달러씩 깎아드리죠.

KNOW THIS!

A: **Could you make that a dollar and a quarter?**
1달러 25센트까지 깎아주지 않겠습니까?

B: **No, a dollar is the best I can do for you.**
안 됩니다. 1달러 할인이 한도입니다.

다음은 값을 흥정할 때 자주 사용하는 표현들입니다.

- **Could you give it to me for $10?**   10달러에 주시지 않겠습니까?
- **Could you make it cheaper?**   좀 싸게 해 주실 수 있습니까?
- **That's over my budget.**   생각했던 것보다 비싸군요.

지불 방법

Cash or credit?

A: **How will you be paying for this?**
어떻게 지불하겠습니까?

B: **I'll pay cash.**
현금으로 지불하겠습니다.

지불 방법을 묻는 표현에는 이외에도 How do you want[Would you like] to pay for this?가 있습니다.

현금지불인지 카드지불인지를 묻는 표현은 (Will that be) Cash or credit? / Cash or charge? / Cash or card? 등이 있습니다. 카드를 사용할 수 있는지의 여부를 묻는 표현은 Do you accept[take] this card?입니다.

대화를 들어볼까요?

→ 미라가 해외여행 가서 쇼핑을 하고 있다.

Clerk : Do you need any help?

Mira : No, thank you, I'm just looking*.

Clerk : Call me if you need anything.

Mira : Thank you.

(잠시후)

Mira : Excuse me, how much is that purple scarf?

Clerk : That one? That scarf is $100 exactly.

Mira : Oh, do you have anything less expensive?

Clerk : Well, all of the scarves on the lower shelf are $75.

Mira : Is that including tax?

Clerk : No, you have to pay 8% sales tax.

Mira : I'll take this brown one. And would you gift-wrap* it, please?

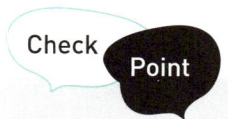

I'm just looking. 구경하고 있습니다.   **gift-wrap** 선물용으로 포장하다
extra charge 추가요금, 별도요금, 할증요금   **per box** 상자 당

DIALOGUE

Clerk : **O.K., there's an extra charge* of one dollar per box*. Will that be cash or charge?**

Mira : **Charge, please. Do you take this card?**

Clerk : **Sure.**

점원 : 무얼 찾고 있습니까?
미라 : 아뇨, 감사합니다. 구경하고 있습니다.
점원 : 용무가 있으면 불러 주십시오.
미라 : 감사합니다.

　　　(잠시 후)

미라 : 실례지만, 저 보라색 스카프는 얼마입니까?
점원 : 저것 말입니까? 정확히 100달러입니다.
미라 : 좀 싼 것은 없습니까?
점원 : 아래 쪽 선반에 있는 것들은 모두 75달러입니다.
미라 : 세금은 포함되어 있습니까?
점원 : 아뇨, 판매세 8%를 지불하셔야 합니다.
미라 : 이 갈색을 사겠습니다. 선물용으로 포장해 주시겠습니까?
점원 : 예, 1상자당 1달러씩 추가비용이 있습니다. 현금입니까, 신용카드입니까?
미라 : 카드입니다. 이 카드 받습니까?
점원 : 물론입니다.

How much ~? / I'll take ~. / Cash or Charge? 등은 쇼핑할 때의 필수 표현입니다. 꼭 알아두세요.

빈칸을 채워보세요

→ 당신은 회사 창립기념 파티의 책임자가 되었다. 멋진 파티가 되도록 레스토랑 지배인과 협의하고 있다.

1 메뉴를 골라 금액을 알아보자.

당신 : That's all for food and drink. ① _____ will it be per head?
식사와 음료를 포함해서 1인당 얼마나 됩니까?

지배인 : That will be 10,000 won per person.
1인에 만원입니다.

2 예산 초과이지만 음식을 줄이고 싶지 않다. 값을 흥정해보자.

당신 : We cannot afford that much.
그렇게 많이는 지출할 수 없습니다.

Is there any chance that you could give us ② _____ ?
좀 싸게 해 줄 수 있겠습니까?

You know, over a hundred people will be coming for the party.
아시다시피, 100명 이상이 참석하는 파티예요.

지배인 : Let me see …. I suppose I could give you a discount of 1,500 won per head if there will be 110 people or more coming.
글쎄요 …. 110명 이상이 오시면 1인당 1,500원을 깎아드릴 수 있겠습니다.

3 지불 방법을 알아보는데 계약금으로 현금이 필요한 것 같다.

당신 : How will the payment be?
지불은 어떻게 해야 합니까?

EXERCISE

지배인 : **We would like 100,000 won ③ _____ as the bond by next week.**

계약금으로 10만원을 다음 주까지 현금으로 지불해 주십시오.

And the rest should be transferred to our bank account by end of February.

잔금은 2월 말까지 우리 은행 구좌에 넣어주십시오.

COLUMN

★ 돈과 관련된 여러 가지 표현

- **paper money**   지폐(**bill**)
- **plastic money**   신용 카드 (이에 대해서 지폐를 **folding money**〈접을 수 있는 돈〉라고도 한다)
- **penny**(1센트 동전)   잔돈의 총칭으로 쓸 수도 있다.
- **nickel**(5센트 동전)   니켈 제품이므로.
- **dime**(10센트 동전)   **dime store**는 싼 잡화를 파는 상점을 말한다.
- **quarter**(25센트)   1달러의 4분의 1
- **Kennedy coin**   **J. F. Kennedy**의 초상이 들어 있다. (50센트 동전)
- **buck**(= dollar)   지금은 일상회화에서 빈번히 사용된다.
- **grand**(1,000달러)   구어 표현

★ 지폐와 미신

미국 지폐는 $1, $2, $5, $10, $50, $100, $1000 짜리가 있는데 모두 크기가 같습니다. 이 중 $2 지폐를 가지고 있으면 행운을 가져다 준다는 미신이 있어 행운의 지폐로 불리기도 합니다. 1964년의 케네디 동전은 순도 90%의 유일한 은화로 소장 가치가 있습니다.

★ 표기법

달러는 숫자 앞에 $ 기호를, 센트는 숫자 뒤에 ¢ 기호를 붙여서 표기합니다.

Answers

① **How much** ② **some discount** ③ **in cash**

Unit 05

요리에 관한 표현

요리사들은 사람들이 자기 요리를 맛있게 먹는 걸 보는 게 가장 기쁘대요. 그러니 **These dishes look so delicious.**(맛있어 보이네요.), **That's my favorite.**(내가 좋아하는 거예요.)이라고 먹기 전에 말하거나 한 입 먹고 나서 **This is really good!**(정말 맛있어요!)이라고 칭찬해주면 얼마나 기뻐할까요? 자신이 만든 요리를 대접할 때는 **How does it taste?**(맛은 어때요?)라고 물어봅니다.

How does it taste?

날마다 쓰는 베스트 기본문장 따라 읽기

Step 1 : 원어민 음성 무작정 듣기
step 2 : 크게 소리내어 따라 읽기
step 3 : 문장의 뜻 확인 하며 다시 읽기
step 4 : 혼자서 문장 읽어보기

029 배고파요.

I'm hungry.

030 단 걸 좋아하시지요?

You have a sweet taste, don't you?

031 어떤 음식을 좋아하세요?

What's your favorite kind of food?

032 아무거나 잘 먹습니다. 음식을 가리지 않아요.

I eat anything. I'm not at all fussy.

033 맛이 어떠세요?

How does it taste?

034 아주 맛있는데요.

It tastes very good.

035 미안하지만 제 입맛에 맞지 않아요.

Sorry, but it's not really to my taste.

이것만은 꼭 알아두자!

불을 사용해서 요리할 경우

cook / prepare / dress

A : **I'm starving!**
배고파요!

B : **I see. I'll cook something for you.**
알겠어요. 무얼 요리해 드릴게요.

'요리하다'는 cook으로 '찌다, 굽다, 튀기다' 등 불을 사용해서 요리할 경우에 사용합니다. '(음식이) 구어지다, 쪄지다'라는 어법도 있습니다.

- **Meat cooks more quickly than vegetable.** 고기는 야채보다 빨리 익는다.

식사준비나 차림에는 prepare를 씁니다.

- **I've prepared your favorite clam chowder.**
당신이 좋아하는 크램 차우더를 만들었어요.

생선이나 고기 등의 껍질을 벗겨서 식육용으로 하거나 조리하거나 소스 등을 쳐서 요리를 준비하는 경우에는 dress를 씁니다.

- **I'll dress this salmon for good steaks.**
이 연어를 맛있는 스테이크로 요리하겠다.

기름을 사용해서 요리할 경우

fry / grill / bake

- **Fry the eggs with bacon.**
계란을 베이컨과 구워라.

기름을 사용해서 '굽다, 튀기다'는 fry를 사용하고, 뜨거운 철판 등의 열에 직접 굽는 것은 broil을 사용합니다.

KNOW THIS!

- **I will have a broiled chicken, please.** 불고기 치킨을 먹겠습니다.

'석쇠로 직접 불에 굽다'는 grill을 씁니다.

- **Let's grill this preserved salmon for dinner.**
  저녁 식사로 절인 연어를 구웁시다.

빵이나 과자를 굽는 경우에는 bake를 씁니다.

- **My mother used to bake a cake on my birthday.**
  생일날에는 어머니가 케이크를 구워 주시곤 했다.

찌거나 삶을 경우

boil / simmer / stew

- **The eggs are boiling.**
  계란이 삶아지고 있다.

'찌다'는 boil입니다. boil에는 '끓이다'라는 의미가 있으므로 '부글부글 찌다, 삶다'라는 뉘앙스가 있습니다.

boil down은 '끓여서 졸이다', boil만큼 강하지 않게 부글거리지 않을 정도로 찌는 것이 simmer, 약한 불에 찌는 것이 stew입니다.

- **Simmer the vegetables for twenty minutes.**
  야채를 20분간 삶아 주십시오.

대화를 들어볼까요?

→ 케이트가 미라에게 스테이크 만드는 법을 가르치고 있다.

Kate : First, prepare the meat. Here are two 150g sirloin steaks.* Season* the meat with black pepper and salt.

Mira : O.K.

Kate : Then heat a frying pan well. Put in salad oil, butter, 8 cloves* of peeled* garlic, and the seasoned steaks.

Mira : Why do you put in both salad oil and butter?

Kate : Butter is good for seasoning but easily burned so we add salad oil.

Sauté* the steaks in the pan over a high heat until the surface is light brown. This is the secret of frying steaks.

When they gets slightly dark, turn down the heat. Sauté them for 3-4 minutes. When the gravy* comes out of the meat, add the red wine and 50CC of fond du veau*. Then remove the steaks.

steak (여기서는) 스테이크용 고기   **season** 조미료   **clove** 마늘 조각   **peeled** 껍질 벗긴
sauté 살짝 튀긴[부친]   **gravy** 육즙   **fond du veau** 폰드 뵈 (프랑스 요리에 사용되는 육수)
simmer 삶다, 끓이다   **watercress** 양갓냉이   **garnish** 곁들인 요리

DIALOGUE

Mira : **Mmm … it smells good!**

Kate : **Simmer* the sauce for a few minutes. Then add the butter and finish the sauce.**

Pour it over the steaks, add the watercress* as a garnish*, and it's done.

Mira : **Wow, can't wait to eat!**

케이트 : 먼저 고기를 준비하세요. 150그램의 등심고기 2인분이에요. 후추와 소금으로 양념을 해요.

미라 : 예.

케이트 : 다음에 프라이팬을 잘 데워서, 샐러드기름, 버터, 껍질을 벗긴 마늘 8쪽, 양념한 고기를 넣으세요.

미라 : 왜 샐러드기름과 버터를 같이 넣죠?

케이트 : 버터는 맛을 내지만 타기 쉽기 때문에 샐러드기름을 넣지요. 고온에서 표면이 엷은 갈색이 될 때까지 프라이팬에 구우세요. 이것이 스테이크를 굽는 비결이에요. 표면이 약간 검어지면 중간불로 3~4분 고기를 구우세요. 육즙이 나오면 적포도주와 폰드뵈 50CC를 첨가하고 고기를 집어내세요.

미라 : 음 … 냄새가 좋군요!

케이트 : 소스를 2~3분 끓이고 마지막으로 버터를 첨가해서 소스 준비를 끝내세요. 스테이크에 이것을 뿌리고 양갓냉이로 장식해서 마칩니다.

미라 : 와! 빨리 먹고 싶어요!

cook은 불을 사용하는 요리에만 사용하는 동사입니다. **make, fry, simmer, season, prepare** 등도 알아둡시다.

빈칸을 채워보세요

→ 아침 식사로 프렌치토스트를 만들어보자.

Recipe : 조리법

1. ①_____ two eggs into the bowl, add 10CC of milk, some sugar and salt, and stir.

    계란을 2개 깨서 그릇에 넣고, 우유 10CC와 설탕, 소금을 약간 첨가해 잘 젓는다.

2. Put a frying-pan on a stove and ②_____ well. Put in a piece of butter.

    스토브에 프라이팬을 얹고, 잘 데운다. 거기에 버터 1조각을 넣는다.

3. ③_____ a slice of bread in 1.

    1에 얇게 썬 빵 한 조각을 넣는다.

4. ④_____ 3 on both sides in 2 until it is light brown.

    2에서 3의 양면이 연한 갈색이 될 때까지 굽는다.

5. Put 4 in a plate and ⑤_____ with honey.

    4를 접시에 담고 꿀을 첨가한다.

EXERCISE

COLUMN

★ **수렵민족과 농경민족의 언어 차이**

영어는 원래 수렵민족의 언어이므로 동물 또는 고기에 관련된 말이 한국어와 비교할 수 없을 만큼 많습니다.

- 닭(fowl)

    cock 수컷 / **hen** 암컷 / **chicken** 닭, 병아리 (요리 재료가 되면 chicken)

- 소(cattle)

    bull, ox 수소 (거세한 황소는 ox 또는 bullock) / **cow** 암소
    calf 송아지 (요리 재료가 되면 beef, 송아지 고기는 veal)

- 사슴(deer)

    buck, stag 수사슴 (특히 5세 이상의 큰 사슴)
    doe, hind 암사슴 (요리 재료가 되면 venison)

- 새고기(bird)

    poultry 닭, 칠면조와 같은 식용고기 / **game** 야생조류 등 사냥한 새고기

- 돼지(pig, swine)

    hog 사육된 돼지 / **boar** 거세하지 않은 수퇘지 (식용이 되면 pork)

- 양(sheep)

    ram 수컷 / **ewe** 암컷 (식용이 되면 mutton, lamb은 새끼양고기)

닭고기, 송아지 고기, 돼지고기는 **white meat**, 쇠고기, 양고기는 **red meat**, 사냥한 야생 새고기는 **dark meat**라고 합니다.

Answers

① **Break** ② **heat** ③ **Dip** ④ **Fry** ⑤ **serve**

Unit 06

식당에서의 주문 표현

식당에 들어가면 우선 메뉴를 봐야겠죠. **May I see the menu, please?**(메뉴판 주세요.) 그날의 특별요리를 제공하는 식당이라면 **What's good today?**(오늘은 뭐가 맛있어요?)라고 물어보세요. 식당에 따라 **전채요리(appetizer)**, **주요리(main dish)**, **수프 (soup)**와 **음료(drink)**를 따로 주문하는 경우도 있으니 음식에 대해서도 미리 공부를 좀 해야 당황하지 않을 것 같네요.

Can I change my order?

날마다 쓰는 베스트 기본문장 따라 읽기

Step 1 : 원어민 음성 무작정 듣기   **step 2** : 크게 소리내어 따라 읽기   **step 3** : 문장의 뜻 확인하며 다시 읽기   **step 4** : 혼자서 문장 읽어보기

036 메뉴를 보여 주세요.

May I see the menu?

037 오늘은 뭐가 맛있나요?

What's good today?

038 이것은 무슨 요리인가요?

What kind of food is this?

039 주문을 받으세요.

Could we order, please?

040 뭘 드시겠습니까?

What would you like?

041 이걸 주세요.

I'll have this, please.

042 주문을 바꿔도 될까요?

Can I change my order?

이것만은 꼭 알아두자!

요리 기호를 말할 때

How would you like your ~?

Waiter : **Are you ready to order?**
주문은 결정하셨습니까?

A : **Yes. We'll have two curries and rice.**
예. 카레라이스 2인분 주세요.

Waiter : **How would you like your curry and rice?**
카레라이스는 어떻게 요리해 드릴까요?

We have normal, hot and extra hot.
보통, 매운 맛, 아주 매운 맛이 있습니다.

A : **Extra hot, please.**
아주 맵게 부탁합니다.

How would you like your ~? / How do you like your ~?는 요리의 조리방법이나 굽는 정도를 묻는 표현입니다. How would you like your steak? '스테이크는 어떻게 구워 드릴까요?' 등은 반드시 묻습니다.

먹고 싶지 않은 것을 거절하는 데는 avoid를 쓰지만, without을 이용해서 간단히 말할 수도 있습니다.

- **Without fat and sugar, please.**   지방과 설탕은 넣지 말아 주십시오.

요리 주문을 바꿀 때

Can I change my order?

A : **My order hasn't come yet.**
주문한 것이 아직 나오지 않았습니다.

Waiter : **Sorry, but we need another half hour.**
죄송하지만, 앞으로 30분 걸립니다.

A : **Can I change my order?**

KNOW THIS!

주문한 것을 바꾸어도 됩니까?

Waiter : **Sure.**
예.

주문을 바꿀 때는 change를 사용합니다. change는 뒤에 반드시 목적어를 취하며, instead of를 이용하여 표현할 수도 있습니다.

- **Can I have a soup instead of a salad?** 샐러드 대신 수프를 먹어도 됩니까?

자세하게 주문할 때

Do you have a half portion?

A : **Is that lobster small size?**
저것이 스몰 사이즈 랍스타입니까?

It's so huge! Do you have a half portion?
너무 크군요! 반사람 분을 먹을 수 있습니까?

Waiter : **Sorry, we don't have it.**
죄송하지만, 안 되겠습니다.

A : **Then, we'll share that one.**
그러면 그걸 나눠 먹겠습니다.

Could you bring another plate?
접시를 하나 더 가져다주십시오.

a portion은 음식물인 경우 1인분을 말합니다. share는 자주 사용되는 동사이지만 한국인이 능숙하게 쓰지 못하는 동사 가운데 하나입니다.

- **She shared her lunch with Jim.** 그녀는 점심을 짐과 나누어 먹었다.

포크를 떨어뜨려 '교체'를 부탁하는 경우나 '한 그릇 더' 주문하는 경우에는 another를 사용합니다.

- **I'd like another beer, please.** 맥주를 한 잔 더 주십시오.

대화를 들어볼까요?

 미라와 잭이 레스토랑에서 식사하고 있다.

Waiter : Can I get you something to drink?

Mira : I'll have a glass of your best white wine.

Jack : And I'll have a gin and tonic.

Waiter : Sure.

Jack : Is there anything you particularly dislike?

Mira : Well, I don't like fish very much. I am allergic to* it. How about you?

Jack : Anything is O.K., but I'd like to try the chicken special.

Mira : Chicken is fine. But nothing too rich*. I'd like the chili sauce.

Waiter : Are you ready to order?

Jack : We'll have a green salad in light herb dressing. And two chicken sauté* with chili sauce. Can you make it very spicy for me?

be allergic to ~ ~에 알레르기가 있다   **rich** 영양분 있는, 농후한   **sauté** 소테
anchovies 멸치류의 작은 물고기 (소스 등에 사용한다)

DIALOGUE

Waiter : **Sure.**

Mira : **And make mine mild, please.**

Waiter : **One hot, and one mild.**

Jack : **And we'd like a special pizza.**

Mira : **Without anchovies*, please.**

웨이터 : 무슨 음료를 드릴까요?
미라 : 나는 이 집의 백포도주를 한 잔 마시겠습니다.
잭 : 나는 진토닉을 마시겠습니다.
웨이터 : 알겠습니다.
잭 : 특별히 싫어하는 것이 있어요?
미라 : 생선은 그다지 좋아하지 않아요. 알레르기가 있거든요. 당신은요?
잭 : 나는 아무거나 괜찮아요. 그런데 치킨을 먹고 싶어요.
미라 : 치킨, 좋지요. 그런데 기름기가 너무 많은 건 싫어요. 칠리소스가 좋아요.
웨이터 : 주문을 정하셨습니까?
잭 : 라이트 허브 드레싱을 한 야채샐러드 하나, 그리고 칠리소스를 한 치킨소테 두 개 주세요. 나는 아주 매운 것으로 해 주시겠습니까?
웨이터 : 예.
미라 : 내 것은 맵지 않게 해 주십시오.
웨이터 : 아주 매운 것 하나와 맵지 않은 것이군요.
잭 : 그리고 특제 피자 하나 주십시오.
미라 : 앤초비는 빼 주세요.

Tip

자신이 먹고 싶은 것을 정확히 전달할 수 있도록 연습해 보세요.

빈칸을 채워보세요

→ 당신은 친구 집에서 숙제를 함께 하고 있다.

1 휴식 중에 친구가 차를 권한다.

친구 : **Well, let's take a break.**

자, 잠깐 쉬자.

Shall I get you a cup of coffee or tea?

커피나 홍차를 가져다줄까?

당신 : **Thanks. I ①_____ a cup of coffee, please.**

고마워. 커피를 부탁해.

2 커피 향이 방 안에 가득하다.

당신 : **It smells good! I love coffee, especially strong one.**

냄새 좋다! 커피를 아주 좋아해, 특히 진한 게 좋아.

친구 : **Really? It's too weak, I'll ②_____ stronger for you.**

그래? 만약 약하면 더 진하게 타줄게.

3 친구가 설탕과 밀크를 권한다.

친구 : **Sugar and milk?**

설탕과 밀크는?

당신 : **No, thanks. Black is fine with me.**

아니, 블랙이 좋아.

EXERCISE

친구 : **I can't have coffee** [③] **a spoonful of sugar, or it's too bitter for me.**

나는 설탕을 넣지 않은 커피는 싫어. 너무 쓰거든.

COLUMN

★ 메뉴에 있는 재미있는 영어

영어 메뉴를 보면 문화의 차이와 유행을 읽을 수 있습니다.

- **no fat section** — 다이어트식으로 살코기요리가 나오는 항목 (fat은 지방 또는 기름기)
- **blue plate** — 칸이 있는 큰 런치 접시가 있는데, 거기에 담은 정식을 말한다. 고기와 야채가 함께 담겨져 나옵니다.
- **B.L.T** — Bacon, Lettuce and Tomato의 약어
- **BBQ** — 바비큐
- **mid-size와 max-size** — medium-size(중)와 maximum-size(대)의 약어
- **combo / combination** — 우리가 흔히 말하는 세트요리
- **English breakfast** — 빵, 커피, 계란, 햄, 과일 등이 나오는 풍성한 아침 식사
- **continental breakfast** — 유럽식의 간단한 아침 식사 (빵과 커피 정도)
- **w/** — ~첨가 (메뉴 특유의 약어로 with ~)
- **today's special** — 오늘의 특별 메뉴
- **today's catch** — 오늘의 선택 메뉴
- **house specialty** — 가게의 자랑 요리
- **soup of the day** — 오늘의 수프

Answers

① **would / will have** ② **make it** ③ **without**

Unit 07

마실 것에 관한 표현

coffee, **tea**, **coke**, **milk**, **juice**, **mineral water**, **squash**, **orange crush** 마실 것에도 종류가 많으니 좀 알고 가야 고를 때도 권할 때도 좋겠죠. 마실 것을 권할 때는 **Do you want ~? / Why don't you ~? / How about ~?** 등을 쓰고, 정중하게 권할 때는 **Would you like ~? / May I offer ~?** 친한 사이에는 **Have some ~. / Want some ~?**이라고 간단하게 표현하기도 합니다.

How about a drink?

날마다 쓰는 베스트 기본문장 따라 읽기

Step 1 : 원어민 음성 무작정 듣기 › **step 2** : 크게 소리내어 따라 읽기 › **step 3** : 문장의 뜻 확인 하며 다시 읽기 › **step 4** : 혼자서 문장 읽어보기

043 커피 한 잔 할까요?

Shall we have a cup of coffee?

044 먼저 음료를 주문하고 싶습니다.

We'd like to order drinks first.

045 음료를 드시겠습니까?

Can I get you something to drink?

046 커피와 홍차 중에 어느 것을 좋아하세요?

Which do you prefer, coffee or tea?

047 한 잔 어때요?

How about a drink?

048 주스 좀 더 먹을래?

Have some more Juice?

049 건배!

Cheers!

이것만은 꼭 알아두자!

커피, 홍차

coffee / tea

A : **I'd like a soft drink.**
소프트드링크를 마시고 싶군요.

American coffee, please.
아메리칸 커피를 주십시오.

Waiter : **I beg your pardon?**
실례지만, 뭐라고 하셨어요?

아메리칸 커피는 영어로 **weak coffee**라고 해야 합니다. 즉, 설탕이나 밀크를 넣지 않은 것을 **black**, 크림 또는 밀크를 넣은 것을 **dark**, 크림 또는 밀크를 많이 넣은 것을 **light**라고 합니다.
레몬 티 등과 같이 함께 넣는 것은 **with**를 써서 나타냅니다.

- **tea with lemon**　　　레몬티
- **tea with milk**　　　　밀크티
- **whisky with water**　　물 탄 위스키 (and를 써도 됩니다)
- **whisky with soda**　　소다수를 탄 위스키 (and를 써도 됩니다)

음료 세는 법

a cup of coffee

Waiter : **Can I get you something to drink?**
음료를 드시겠습니까?

A : **One coffee, please.**
커피 한 잔 주십시오.

보통 a cup of coffee, two cups of coffee라고 하지만, 이처럼 커피숍에서 주문할 경우에는 a coffee, two coffees 등으로 해도 됩니다.

KNOW THIS!

마찬가지로 '위스키도 두 잔' **two glasses of whisky**라고 하든지 **two whiskies**라고 해도 좋습니다.

맛, 향

> **How does it taste?**
>
> A: **How is this wine?**
> 이 와인 어때요?
>
> B: **Well, it's pretty dry and smooth.**
> 꽤 쓰지만 부드러워요.

맛, 향을 표현하는 말은 많이 있지만, 주로 사용하는 것에는 다음과 같은 것들이 있습니다.

- **sour** 신
- **bitter** 쓴
- **bland** 부드러운
- **dry** 쓴
- **fruity** 과일 맛이 나는
- **full** (와인 등) 감칠맛이 나는
- **acid** 신
- **sweet** 단
- **balanced** 균형 잡힌
- **fragrant** 향이 좋은
- **rich** 맛이 풍부한
- **complex** 복합적인

 대화를 들어볼까요?

→ 미라가 메뉴를 보며 궁금해 하고 있다.

Mira : Kate, what's the difference between "soft drink" and "beverage"?

Kate : Well, "soft drink" means non-alcoholic flavored drink. On the other hand, "beverage" means any kind of drink except water. So there are alcoholic beverages, hot* beverages and so on.

Mira : Now I understand. Kate, I have another question about mineral water.

Kate : Go ahead*.

Mira : Some mineral waters are soda* water like Perrier*. What do you call that kind of mineral water in English?

Kate : You call it "sparkling mineral water". "Carbonated mineral water" is also fine.

Mira : Oh, it's so easy.

hot (여기서는) 자극이 있는   **go ahead** (상대를 재촉해서) 하세요. (전화에서) 말씀하세요.
soda 탄산수 (cider는 과즙, 특히 사과 주스를 가리킨다.)
Perrier 남프랑스 산의 발포성 천연 미네랄워터

DIALOGUE

Kate : **Europeans like carbonated water. In Europe mineral water can be either carbonated or uncarbonated.**

Mira : **I'll remember that.**

미라 : 케이트, 소프트드링크와 베버리지는 무슨 차이가 있지요?

케이트 : 알코올 성분이 없는 음료에 맛을 첨가한 것을 소프트드링크라 해요. 반면에 베버리지는 물 이외의 모든 음료를 말하지요. 따라서 알코올 베버리지, 핫 베버리지가 있지요.

미라 : 이제 알겠어요. 케이트, 미네랄워터에 관해 질문이 하나 있어요.

케이트 : 하세요.

미라 : 어떤 미네랄워터는 페리어처럼 탄산수잖아요. 그런 종류의 미네랄워터는 영어로 뭐라 하나요?

케이트 : 스파클링 미네랄워터나 탄산 미네랄워터라고 하면 좋아요.

미라 : 아, 쉽군요.

케이트 : 유럽인들은 탄산수를 좋아해요. 그래서 유럽에서는 미네랄워터라고 하면 탄산과 무탄산을 의미하는 게 돼요.

미라 : 기억해 둘게요.

우리가 흔히 말하는 영어가 외국인들에게는 통하지 않을 수도 있어요. 이런 것들도 정리해서 알아 두어야겠어요.

빈칸을 채워보세요

→ 당신은 친구 생일 파티에 초대되었다.

1 친구 집에 도착하자 친구가 마중 나왔다.

친구 : **Hi, I've been expecting you. Come on in.**
안녕. 기다리고 있었어. 들어와.

I'll get you something to drink.
마실 걸 갖다 줄게.

당신 : **Thanks. I'd like something non-alcoholic, please.**
고마워. 비알콜 음료를 먹겠어.

Maybe a ① _____ **soda or something.**
소다 같은 것을 한 잔 줘.

2 친구가 후루츠 펀치를 권한다.

친구 : **Why don't you try this special punch?**
이 펀치 큰 잔으로 한 잔 어때?

It's very ② _____ **, and almost non-alcoholic.**
과일 맛이고 거의 알코올이 들어 있지 않아.

당신 : **O.K., I'll try just a little.**
좋아. 그것을 조금만 먹어 볼게.

3 파티가 끝나고 친구가 러시안 티를 권한다.

친구 : **Would you like to try some Russian tea?**
러시안 티 먹어 볼래?

EXERCISE

당신 : **What's that?**

뭔데?

친구 : **It's tea** ③ _____ **strawberry jam in it.**

딸기 잼을 넣은 홍차야.

C|O|L|U|M|N

★ **drink의 여러 가지 표현**

drink라는 말에 대해 알아봅시다.

(1) 단순히 **drink**라고 하면 '술을 마시다'라는 의미로 주로 쓰입니다.

- **Let's have a drink.** 한 잔하러 가자.
- **He smokes, but doesn't drink.** 그는 담배는 피우지만, 술은 하지 않는다.
- **He drinks all he earns.** 그는 번 것을 모두 술에 쏟아 넣는다.
- **He drinks himself into[to] illness.** 그는 술로 몸을 망쳤다.

(2) **the drink**는 물 또는 물가, 해변을 나타냅니다.

- **fall in the drink** 강[바다]에 떨어지다

(3) 식물 등이 수분 등을 흡수한다고 할 경우에도 **drink**를 사용합니다.

- **A planet drinks up moisture.** 식물은 수분을 흡수한다.
- **The sunburst sand drink water like a sponge.**
  뜨거운 모래는 스펀지처럼 물을 흡수한다.

(4) 보어와 함께 쓰여 '~맛이 난다'라는 의미가 됩니다.

- **This drinks like fruit.** 이것은 과일 맛이 난다.
- **This cola drinks flat.** 이 콜라는 맛이 없다.

Answers

① **glass of**　② **fruity**　③ **with**

Unit 08

길안내에 관한 표현

여행에서 길안내는 필수죠? 방향, 위치, 교통수단, 표식 등을 정확하게 표현할 수 있도록 꼼꼼하게 배워봅시다. 외국인이 길을 물었는데 혹시 같은 방향이라면 **I'm going in the same direction.** (마침 같은 방향으로 가는 중입니다.) **I'll take you there.** (거기까지 모셔다 드리죠.)라고 말할 찬스! **Thank you.**라고 인사하면 여유 있게 **You're welcome.** (천만에요.), **Have a nice trip!** (즐거운 여행 되세요.) 하면서 손을 흔들어주자구요.

날마다 쓰는 베스트 기본문장 따라 읽기

Step 1 : 원어민 음성 무작정 듣기
step 2 : 크게 소리내어 따라 읽기
step 3 : 문장의 뜻 확인하며 다시 읽기
step 4 : 혼자서 문장 읽어보기

050 여기가 어딘가요?

Where are we now?

051 공항은 어떻게 가죠?

How can I get to the airport?

052 이 주위에 버스정류장이 있나요?

Is there a bus stop around here?

053 하이드 파크에 가는 길은 이 길이 맞습니까?

Am I going the right way for Hyde Park?

054 어디를 가시려고 합니까?

Where are you going?

055 제가 모시고 갈게요.

I'll take you there.

056 가지고 계신 주소를 보여 주시겠어요?

Can I check the address you have?

이것만은 꼭 알아두자!

좌우의 설명

on your right[left]

(1) 좌우

- **We'll be at the destination soon. You will see the museum on your left.**
  곧 목적지에 도착합니다. 미술관이 왼쪽에 보일 겁니다.

(2) 왼쪽으로 돌기, 오른쪽으로 돌기

A: **Would you please turn the screw clockwise and make sure it is secure?**
나사를 시계방향으로 돌려서 꼭 죄어 주시겠습니까?

B: **It's easy. This way, right?**
간단해요. 이쪽으로 맞습니까?

A: **Oh, not that way!**
아니에요!

It's counter-clockwise to loosen the screw by turning!
시계반대 방향으로 돌리면 풀어져요.

(1) 좌우를 설명할 때 on your right[left]는 당신 쪽에서 오른쪽[왼쪽], 즉 '마주 봐서 우[좌]'를 나타내는 게 됩니다. on the right-hand-side, on the left-hand-side도 같은 의미입니다.

   A: **Where is the envelope?**
   봉투 어디 있어요?

   B: **It's in the top drawer of the desk on your right-hand-side.**
   오른쪽에 있는 책상의 제일 윗 서랍에 있어요.

(2) '오른쪽으로 돌리는 것은 시계 방향'이므로 clockwise라는 표현을 씁니다. 반대로 왼쪽으로 돌리는 것은 '반시계 방향'이므로 counter라는 '반대'를 나타내는 말을 붙여 counter-clockwise라고 합니다.

KNOW THIS!

건너편 / 이쪽

on the other side of ~ / on this side of ~

A: **Excuse me. Is there a flower shop around here?**
실례합니다. 이 근처에 꽃가게가 있습니까?

B: **It's on the other side of the street.**
길 건너편에 있어요.

'~의 맞은편'은 on the other[opposite] side of ~ 또는 over ~를 씁니다.

- **There is a big park over the river.**
  강 건너에 큰 공원이 있다.
- **The aquarium is on the opposite side of the station.**
  수족관은 역 맞은편에 있다.

반대로 '~의 이쪽'은 on this side of ~를 사용합니다.

- **There used to be a police box on this side of the street.**
  과거에 이쪽에 파출소가 있었다.

앞쪽~

~ ahead / beyond[from] ~

- **The nearest station is one kilometer ahead.**
  가장 가까운 역은 5킬로미터 앞에 있습니다.
- **The restaurant you are looking for is two doors beyond the church.**
  찾고 있는 레스토랑은 교회를 지나 두 번째 집입니다.

주어가 현재 있는 위치를 기점으로 '얼마 앞'이라는 경우에는 ~ ahead(또는 from here)를 쓰고, 기점을 확실히 나타내서 '~에서 앞쪽'은 beyond ~나 from ~을 씁니다.

이것만은 꼭 알아두자!

앞 / 뒤

before ~ / behind ~

- **You have to turn right just before the big crossing.**
  큰 교차로 바로 앞에서 오른쪽으로 돌아 주십시오.
- **He sits behind me in math class.**
  그는 수학 수업에서 내 뒤쪽에 앉는다.

'~앞'인 경우에는 before ~를 쓰고, '~뒤'는 behind ~를 씁니다. 이 경우에는 기점을 확실히 나타낼 필요가 있습니다.

정면 / 뒤

in front of ~ / at the back of ~

A: **I'll be waiting at the back of the theater at 15:00.**
   극장 뒤에서 오후 3시에 기다리고 있겠습니다.
B: **Let's make it in front of it at 16:00.**
   극장 앞 오후 4시로 합시다.

'~의 정면'은 in front of ~, '~의 뒤쪽[후면]'은 at the back of ~나 behind ~를 사용한다.

교통수단과 소요시간

by / on foot / take

- **It takes two hours to Tokyo by plane.**
  동경까지 비행기로 2시간 걸린다.
- **It will take you more than half an hour to get there on**

KNOW THIS!

> **foot.**
> 걸어서 그곳까지 30분 이상 걸린다.

교통수단에는 **by** ~를 쓰며 걷는 경우에만 **on foot**이 됩니다. **take**는 '(시간·노력)이 들다'라는 의미로 사용되고 있습니다.
또한, **it**을 형식주어로 사용할 때가 많습니다. 이 **take**는 **require**로 바꿔 쓸 수 있습니다.

- **It will require another 40 minutes to Inchon by bus.**
  인천까지 버스로 앞으로 40분 더 걸린다.

표식을 알려 줄 때

> **landmark**
>
> A: **Is there any landmark around the corner?**
>   그 모퉁이 근처에 표식은 있습니까?
>
> B: **You'll see a big hospital across the street.**
>   길 건너편에 큰 병원이 있습니다.

'표식'은 landmark(봐서 알 수 있는 것)를 흔히 씁니다. 표식을 알려줄 때에는 You will find ~.나 There is ~.라는 표현을 쓰기도 합니다.

A: **Is there any kind of landmark along the street?**
   길에는 표식이 되는 것이 있습니까?

B: **I'm afraid there is not.**
   없는 것 같은데요.

But if you look for it very carefully, you will find a small sign with the shop's name on it just before the first corner.
그러나 주의해서 보면 첫 모퉁이 바로 앞에 가게의 이름이 적힌 작은 간판을 볼 수 있어요.

대화를 들어볼까요?

→ 길을 잃은 관광객이 민호에게 말을 걸어 왔다.

Tourist : Excuse me, I'm afraid I'm lost. How can I get to Seoul Station?

Minho : Go straight down this road.
There's a police station on your right at the third corner.
Go up the pedestrian bridge* in front of the police station and you'll see Seoul Station ahead of you on your left.
It takes about five minutes from here.

Tourist : Thank you so much.

Minho : You're quite welcome.
Do you want me to show you the way?

Tourist : Yes, if you don't mind.

Minho : Where are you going, anyway?

Tourist : To the hotel I'm staying at near Dongdaemun Station.

Minho : Oh, so you have to take the subway. Seoul Subway

pedestrian bridge 육교 (pedestrian은 보행자)   **complicated** 복잡한, 알기 어려운
get lost 길을 잃다

DIALOGUE

Station is a two-minute walk from the station I just told you how to get to.

Tourist : Really? It's so complicated*.

Minho : Yes, it is. I used to get lost* myself.

Tourist : You're not lost now, are you?

Minho : Of course not!

관광객 : 실례지만, 길을 잃어버린 것 같습니다. 서울역은 어디입니까?

민호 : 이 길을 똑바로 가세요. 여기에서 3번째 모퉁이의 오른쪽에 경찰서가 있습니다. 경찰서 앞 육교를 오르면 서울역이 왼쪽 앞에 보입니다. 여기에서 약 5분 정도입니다.

관광객 : 대단히 감사합니다.

민호 : 천만에요. 좋으시다면 함께 가 드릴까요?

관광객 : 그렇게 해 주시면 고맙겠습니다.

민호 : 그런데 어디 가세요?

관광객 : 묵고 있는 호텔로 돌아갑니다. 동대문역 근처입니다만 ….

민호 : 그곳이라면 지하철을 타야 해요. 지하철 서울역은 지금 가르쳐 드린 서울역에서 약 2분 정도 거리에 있습니다.

관광객 : 그렇습니까? 복잡하군요.

민호 : 그래요. 저도 길을 잘 잃어버려요.

관광객 : 이번에는 잃지 않겠지요?

민호 : 물론이죠!

길안내 관련 표현을 확실하게 알아두어 상대가 정확하게 목적지까지 찾아 갈 수 있도록 해야 합니다.

빈칸을 채워보세요

→ 외국인이 당신에게 길을 묻는다. 친절하게 알려주자.

외국인 : **Excuse me, sir. I would like to get to the Dongyang Hospital.**
실례지만, 동양병원에 가고 싶습니다.
Would you help me, please?
길을 가르쳐 주십시오.

당신 : **Sure. The hospital is on the [①] side of the river.**
예. 그곳이라면 강 건너편에 있습니다.
First, you go down this road till the end.
우선, 이 길을 끝까지 가세요.

외국인 : **Uh-uhu.**
예 ….

당신 : **Then turn to the right. Cross the bridge.**
거기서 오른쪽으로 돌아서 다리를 건너세요.
You'll see a billboard which says "Dongyang Hospital, 2km [②]".
그곳에 가면 '동양병원까지 앞으로 2km'라는 간판을 볼 수 있을 겁니다.

외국인 : **I see.**
알겠습니다.

당신 : **Turn to the left at the third corner from the bridge, just [③] a big crossing.**
다리에서 3번째 교차로를 왼쪽으로 돌면 큰 횡단보도 앞이 병원입니다.

외국인 : **All right. Is there any [④] around the corner?**

EXERCISE

알겠습니다. 그 모퉁이에 표식은 있습니까?

당신 : **I don't think so.**

없는 것 같습니다.

COLUMN

★ 장소에 따라 달라지는 화장실 명칭

우리나라에서도 '화장실, 변소' 등으로 부르는 것처럼, 영어에서도 개인의 집, 공공의 장소 등에 따라 화장실의 명칭이 달라집니다.
화장실을 사용할 때 실례가 되지 않도록 잘 알아둡시다.

(1) 가정용

- **bathroom**   대부분 욕실과 함께 붙어 있으므로

(2) 공공건물, 극장, 백화점, 회사, 호텔 등

- **rest room**   문자대로 휴게실의 의미도 있다.
- **washroom**   '손 씻는 곳'이라는 의미에서
- **toilet room**   toilet은 '변기'라는 의미
- **the facility**   직역하면 '편의시설'. 이 의미로 무엇인지 알 수 있다.
- **comfort station**   쾌적(=comfort)로 알 수 있다.
- **lavatory**   특히 영국에서 사용하는 표현
- **(public) convenience**   확실히 모두가 편리하게 사용하는 곳이므로
- **W.C.(water closet)**   수세식 화장실을 나타낸다.
- **men's room / ladies' room**   격식을 갖춘 표현
- **powder room**   powder(=화장) 즉, 화장실

Answers

① **other**   ② **ahead**   ③ **before**   ④ **landmark**

Unit 09

교통에 관한 표현

외국에 나가서도 필요에 따라 택시, 버스, 지하철, 열차, 비행기 등 다양한 교통수단을 이용해야 하겠죠. 특히 대중교통 이용에 필요한 표현을 익혀두어야 낯선 곳에서 생기기 마련인 두려움을 극복할 수 있습니다. 미국에서 택시는 **cab**이라고 합니다. 지하철은 입구가 많으므로 **Where is the entrance?**(입구가 어디죠?), 버스는 **Where's the bus stop?**(버스 정류소는 어디 있어요?)이라고 물으면 됩니다.

날마다 쓰는 베스트 기본문장 따라 읽기

Step 1: 원어민 음성 무작정 듣기 **step 2**: 크게 소리내어 따라 읽기 **step 3**: 문장의 뜻 확인하며 다시 읽기 **step 4**: 혼자서 문장 읽어보기

057 이 주소로 가주세요?

To this address, please?

058 여기서 세워주세요.

Stop here, please.

059 요금이 얼마죠?

What's the fare?

060 이 버스는 어디로 가나요?

Where is this bus going?

061 거기에 도착하면 알려주시겠어요?

Could you tell me when I get there?

062 차를 한 대 빌리고 싶은데요.

I'd like to rent a car.

063 잠깐 여기에 주차해도 될까요?

Can I park here just for a second?

이것만은 꼭 알아두자!

타다

take

A: **I have to get there as soon as possible. Do you think I should take a cab?**
가능한 한 빨리 그곳에 도착해야 하는데 택시를 타야 할까요?

B: **I think you should take a train at this time of the day.**
이 시간이면 전철을 타는 게 좋아요.

'타다'라는 표현에는 take가 주로 사용됩니다. 그러나 take에는 성적인 의미도 있으므로 여성은 택시를 잡을 때 Will you take me?라고 하지 말고 뒤에 'to + 목적지'를 붙이면 괜찮습니다. 이외에도 '타다'를 의미하는 말은 많습니다.

- **She rides a bicycle to school.**   그녀는 자전거를 타고 통학한다.
- **She got off at the next stop.**   그녀는 다음 정류장에서 내렸다.

get on / get off 와 유사한 표현에 get in[into] / get out of가 있는데 택시나 승용차 등 소형의 교통기관을 타고 내리는 데 쓰는 표현입니다.

가다 / 오다

go / come

A: **When are you going to come to my office?**
언제 사무실에 올 겁니까?

B: **I'll go there at 3:00.**
3시에 가겠습니다.

여기에서는 go와 come을 정리해봅시다. go는 (이곳에서) 가다, come은 (이곳에) 오다가 기본적인 의미입니다.

KNOW THIS!

(1) go

말하는 사람과 듣는 사람 모두에게 떨어져 있는 장소로 이동하는 경우에만 사용합니다.

- **Let's go to his place.**
  그의 집에 가자.
- **Go to the park, and I'll meet you there.**
  공원으로 오세요. 거기서 기다리겠어요.

(2) come

말하는 사람이나 듣는 사람이 있는 장소 또는 그 부근으로 이동하는 경우에 사용합니다.

- **I'll come to your house on Sunday.**   일요일에 당신 집에 가겠어요.
- **Come to the corner of Lotte Department.**   롯데백화점 코너로 오세요.

위의 규칙은 어디까지나 원칙입니다. 구어에서는 말하는 사람이 내용의 중심을 어디에 두느냐에 따라 **go**와 **come**을 반대로 쓰는 경우도 있습니다.

- A: **I'll go fishing on this weekend.**   주말에 낚시하러 갈 거야.
  B: **Sounds fun. I'm coming, too.**   좋아. 나도 갈게.

be동사에도 '위치, 장소'를 나타내는 역할이 있으므로 다음과 같이 할 수도 있습니다.

- **I'll be at the office tomorrow.**   내일 사무실에 있겠다.
- **I'll be in New York all the next week.**   내주는 내내 뉴욕에 있겠다.
- **I'll be home in a few minutes.**   곧 집에 도착하겠다.
- **I'll be right there.**   곧 가겠다.

대화를 들어볼까요?

→ 케이트가 전철에 타고 있는데 임신한 여성이 탔다.

Kate : Here … take my seat.

A : Oh, no. Thank you, I'm fine.

Kate : No, really. I insist*.

A : Well, thank you. You're very kind.

Kate : Not at all. Ah … can I ask you something?

A : Sure, go ahead.

Kate : Does this train stop at Dongdaemun?

A : No, this is the NO. 2 Line. Dongdaemun is a NO. 1 Line. You'll have to change trains at City Hall.

Kate : How many stops are there to City Hall?

A : It's the third stop.

Kate : And how long does it take to City Hall?

A : It takes about ten minutes. And at this time of day, the trains run* about every five minutes.

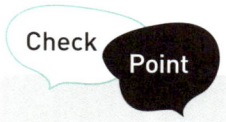

insist 주장하다. (여기에서는) 그런 말씀 마세요.   **run** 운행하다

DIALOGUE

Kate : **I see. It's a good thing I asked!**

A : **You're welcome.**

케이트 : 여기 앉으세요.
A : 아뇨, 아뇨. 감사합니다. 괜찮아요.
케이트 : 그런 말씀 마시고 앉으세요.
A : 그럼, 감사합니다. 매우 친절하시군요.
케이트 : 천만에요. 저 물어볼 게 있는데요?
A : 예, 그러세요.
케이트 : 이 열차는 동대문역에 섭니까?
A : 아뇨, 이것은 2호선이에요. 동대문은 1호선이니까, 시청역에서 갈아타세요.
케이트 : 시청역까지 몇 정거장 남았습니까?
A : 3번째입니다.
케이트 : 시청역까지 시간은 얼마나 걸립니까?
A : 10분 정도 걸립니다. 이 시간에는 5분 간격으로 운행하고 있습니다.
케이트 : 알겠습니다. 물어보길 잘했군요!
A : 천만에요.

해외에서는 한국에서처럼 교통기관의 안내가 친절하지 않습니다. 갈아타기 등에서 당황하지 않도록 이 표현들을 잘 익혀둡시다.

빈칸을 채워보세요

→ 지하철 매표소에서 외국인이 당신에게 길을 물었다. 가르쳐 주자.

외국인 : **Excuse me. I'd like to get to Seoul station but I don't know how.**

실례지만, 서울역에 가려는데요. 어떻게 가야할지 모르겠어요.

당신 : **Well, you should ①_____ this line to Dongdaemun and change to No. 1 line.**

이 노선으로 동대문까지 가서 1호선으로 갈아타세요.

외국인 : **How many ②_____ are there before Dongdaemun?**

동대문은 몇 번째 역입니까?

당신 : **Three stops. And five stops ③_____ Seoul station on No. 1 Line.**

세 번째입니다. 거기서 1호선으로 서울역은 5번째 역입니다.

외국인 : **Does every train stop at Dongdaemun?**

동대문에는 모든 열차가 섭니까?

I mean, what if I miss it?

그곳을 놓치면 어쩌죠?

당신 : **No problem.**

괜찮아요.

You'll never miss Dongdaemun because there is no ④_____ train running on Subways.

EXERCISE

지하철에는 급행 같은 것이 없으니까, 동대문에서 잘못 내릴 염려는 없어요.

COLUMN

★ 미국 국내의 장거리 교통기관

미국은 국토가 넓어 국내를 이동하는 것도 쉬운 일이 아닙니다. 교통요금이 비싼 순서는 비행기, 장거리 버스, 철도의 순입니다.

철도는 장거리는 비행기에게, 근거리는 자동차에 승객을 빼앗겨서 경영면에서 어려움이 있는 것 같습니다. 이것을 타개하기 위하여 미국 각지의 철도 회사를 통합 운영하는 전미 철도 운송공사(**National Railroad Passenger Corp**) 즉, **Amtrak**을 만들었습니다.

열차에는 1등(**first class**)과 2등(**coach class**)이 있고, 장거리 열차에는 식당차(**dining car**), 라운지차(**lounge car**), 침대차(**sleeping car**)가 붙어 있습니다.

장거리 버스(**long distance coach**)는 운행 횟수가 철도보다는 압도적으로 많고 예약도 원칙적으로 불필요합니다. 차내도 비행기와 같이 수하물 선반(**overhead baggage rack**)이 딸린 리클라이닝 시트(**reclining seat**)와 독서등(**reading light**) 그리고 화장실(**lavatory**)이 완비되어 있습니다.

장거리 관광용 관광버스(**sightseeing bus**, 속어로 **rubberneck bus**)에는 위가 투명하게 되어 있는(**transparent roof**) 것도 있습니다. 미국의 장거리 버스라고 하면 사냥개를 심벌마크로 하고 있는 **Greyhound Corp**.과 독수리 마크의 **Continental Trail ways**가 우리에게도 잘 알려져 있습니다.

Answers

① **take**　② **stops / stations**　③ **before / till[until]**　④ **express**

Unit 10

예약에 관한 표현

해외여행을 할 때는 예약이 필수죠? 호텔, 비행기는 물론이고, 현지에서 기차편이나 음식점, 병원 진료 등을 예약해야 할 때도 있습니다. **I'd like to make a reservation.**(예약을 하고 싶습니다.)이라고 하면 되고 예약을 변경하고 싶을 때는 **I want to change my reservation.**(예약을 변경하고 싶습니다.)이라고 합니다. 해외에서는 특히 예약을 중간에 재확인하는 습관을 들이는 것이 좋습니다.

I don't have an appointment, but it's urgent.

날마다 쓰는 베스트 기본문장 따라 읽기

Step 1 : 원어민 음성 무작정 듣기 **step 2** : 크게 소리내어 따라 읽기 **step 3** : 문장의 뜻 확인하며 다시 읽기 **step 4** : 혼자서 문장 읽어보기

064　예약을 하고 싶은데요.

I'd like to make a reservation.

065　7시에 2인용 테이블을 예약할 수 있습니까?

Can I reserve a table for two at 7:00?

066　여기에 예약하셨습니까?

Do you have a reservation here?

067　오늘 밤 예약을 했는데요.

I have a reservation for tonight.

068　예약을 확인하고 싶은데요.

I'd like to check my reservation, please.

069　예약을 변경하고 싶은데요.

I want to change my reservation.

070　이 예약을 취소해 주세요.

Cancel this reservation, please.

이것만은 꼭 알아두자!

예약

make a reservation

A: **Hello, this is ABC Hotel.**
여보세요. ABC 호텔입니다.

B: **Hello, I'd like to make a reservation for December 22nd.**
여보세요. 12월 22일에 예약을 부탁하겠습니다.

A: **How many people will be staying with you?**
몇 분이십니까?

B: **There are three of us.**
3명입니다.

A: **Certainly. May I have your name, please?**
알겠습니다. 성함을 말씀해 주십시오.

예약을 할 때에는 **make a reservation**을 씁니다. **for** 뒤에 인원수나 날짜 등을 첨가할 수 있습니다. 또한 동사 **reserve**를 사용해서 표현할 수도 있습니다.

- **Can I reserve a table for two at 7:00?**
  7시에 2인용 테이블을 예약할 수 있습니까?

희망을 말할 때

I'd like ~.(= I would like ~.)

A: **What kind of room would you like?**
어떤 방이 좋겠습니까?

B: **I'd like a twin room with bath.**
욕실 딸린 트윈을 부탁합니다.

I'd like ~(= **I would like ~**)는 '~하고 싶다'라는 의미의 정중한 어법입니다. 매우 편리한 말로 여러 상황에서 사용할 수 있습니다. 현재형인데도 **would**를 쓰는 것

KNOW THIS!

은 '만일 ~해 주시면 기쁘겠습니다.'라는 가정 조건을 내포하고 있기 때문입니다.

- **I'd like to have the stalls, please.**   무대 앞 1등석을 부탁합니다.

예약 (재)확인

confirm / reconfirm

A : **I'd like to reconfirm my flight.**
비행편 재확인을 부탁합니다.

B : **What's your flight number?**
편명은 무엇입니까?

A : **SW007 for Seoul on July 11th.**
7월 11일 SW007편 서울행입니다.

My name is Kim Namsu.
이름은 김남수입니다.

B : **Your reservation has been reconfirmed.**
손님의 예약을 재확인했습니다.

예약 확인은 confirm, 재확인은 reconfirm을 씁니다. 명사형은 confirmation이고, 호텔 등의 예약 확인서는 confirmation slip(slip은 메모장, 전표)이라고 합니다.

예약 취소와 변경에 관한 표현을 알아둡시다.

- **Can I cancel my reservation?**
  예약을 취소할 수 있습니까?

- **I'd like to change my reservation to an earlier[later] flight.**
  좀 더 빠른[늦은] 편으로 변경하고 싶습니다.

대화를 들어볼까요?

→ 민호가 메이저리그 경기를 보러고 호텔 프론트에서 상담하고 있다.

Minho : Is there a Dodgers' game today?

Clerk : Yes, there's a night game, the Dodgers versus the Giants. It starts at 6:30.

Minho : Fine! Can I make a reservation here?

Clerk : Sure, I'll check if tickets are available.

Minho : Could you give me two tickets?

Clerk : Just a moment, please. You are in luck. You can get the infield stand* tickets.

Minho : How much is it a ticket?

Clerk : $15.

Minho : Where can I pick up the tickets?

Clerk : At the office in the stadium. Here is your reservation number. Pay for the tickets there.

Minho : How can I get to the stadium?

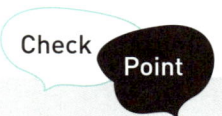

infield stand 내야석 (외야석은 (outfield) bleacher)　**special bus** 임시운행 버스

DIALOGUE

Clerk : **You can use the special buses*. They leave from Grand Hotel.**

Minho : **Do I need to confirm the reservation?**

Clerk : **No, you don't.**

민호	:	오늘 다저스는 경기가 있습니까?
프론트 직원	:	예, 자이언츠와 야간 경기가 있습니다. 시합은 6시 30분에 시작합니다.
민호	:	잘됐군요! 여기서 티켓 예약을 할 수 있습니까?
프론트 직원	:	예, 표가 있는지 알아보지요.
민호	:	2장 부탁하겠습니다.
프론트 직원	:	잠시만 기다려 주십시오. 운이 좋군요. 내야석을 살 수 있어요.
민호	:	한 장에 얼마입니까?
프론트 직원	:	15달러입니다.
민호	:	티켓은 어디서 받습니까?
프론트 직원	:	경기장의 사무실입니다. 이것이 당신의 예약번호입니다. 그곳에서 지불해 주십시오.
민호	:	경기장에는 어떻게 갑니까?
프론트 직원	:	임시 버스가 있어요. 그랜드 호텔에서 떠납니다.
민호	:	예약을 확인할 필요가 있습니까?
프론트 직원	:	그럴 필요 없습니다.

Tip

연극, 스포츠, 콘서트, 골프 등 예약이 필요한 곳은 많이 있어요. 정확하게 예약해서 재미있게 즐기세요.

빈칸을 채워보세요

→ 여행을 떠나기 전에 당신은 비행편을 예약하려고 한다.

1 전화로 예약을 해보자.

당신 : Hello? I'd like to ① _____ of a round trip to Thailand, please.

여보세요? 태국까지 왕복권을 예약하고 싶습니다.

예약담당 : Yes, ma'am. May I have the date, please?

예, 부인. 날짜를 말씀해 주십시오.

2 예약 재확인이 필요한지 물어보자.

당신 : Should I ② _____ my reservation?

예약 확인을 해야 합니까?

예약담당 : Please do so.

그렇습니다.

Please call in at this number and reconfirm your reservation by 72 hours before your departure.

출발 72시간 전까지 이 전화번호로 재확인해 주십시오.

3 예약 변경을 해보자.

당신 : I'd like to ③ _____ my reservation, please.

예약 변경을 부탁합니다.

EXERCISE

예약담당 : **I see. Could you give me your current flight number and the date, please?**

알겠습니다. 변경하실 편명과 날짜를 말씀해 주십시오.

COLUMN

★ 티켓과 좌석

극장의 객석은 무대 정면의 1층석을 **the orchestra**, 2층석을 **balcony**라고 하고, 3층석까지 있는 경우는 2층석을 **mezzanine**, 3층석을 **balcony**라고 합니다. 앞쪽에서부터 **A, B, C** 순서로 되어 있고, 한국과 같이 **S**석, **A**석 등의 구분은 없습니다. 야구경기장은 내야석을 **infield stand**, 외야석은 **outfield bleacher**라고 합니다.

★ BOX OFFICE

원래는 극장, 스타디움의 매표소를 의미하는 말이었지만, 흥행의 매상도 의미하게 되어 **This will be good box-office.**(이것은 히트 칠 것이다.)라고 하기도 합니다.

★ off와 off-off Broadway

흔히 듣게 되는 **off-Broadway**와 **off-off-Broadway**에 관해 배워봅시다. **Broadway**의 극장이 1,000명 이상을 수용할 수 있는 대극장인데 비해 **off-Broadway**는 브로드웨이 이외의 지역인 그리니치빌리지 등에 있는 비교적 소규모의 극장을 말합니다. 또한 **off-off-Broadway**라는 것은 100명 이하의 미니극장 또는 극장이 아닌 장소(교회 등) 등이 무대인 곳을 말합니다.

Answers

① **make a reservation**   ② **reconfirm / confirm**   ③ **change**

Unit 11

병원에서의 표현

해외여행을 가서 아프면 참 대책 없죠? 그럴 일은 없어야겠지만 혹시 모르니까 기본적인 표현은 알아두는 것이 좋겠습니다. **종합병원(general hospital)**이나 **개인병원(clinic)**에서 진찰을 받으려면 반드시 예약을 해야 합니다. 접수창구의 위치를 묻는 표현은 **Where is the reception desk?**(접수하는 곳은 어디입니까?) 입니다. 보험이 되는지 물어 볼 때는 **Does my insurance cover this?**(보험이 되나요?)라고 말합니다.

Please take me to the hospital.

날마다 쓰는 베스트 기본문장 따라 읽기

Step 1 : 원어민 음성 무작정 듣기
step 2 : 크게 소리내어 따라 읽기
step 3 : 문장의 뜻 확인하며 다시 읽기
step 4 : 혼자서 문장 읽어보기

071 병원은 어떻게 가야 합니까?
How can I get to the hospital?

072 구급차를 불러주세요.
Call me an ambulance, please.

073 어디가 아픈 거죠?
What's wrong with me?

074 보험이 됩니까?
Does my insurance cover this?

075 언제부터 아프셨습니까?
When did it happen?

076 어떻게 치료하면 됩니까?
How can I get rid of it?

077 이것을 조제해 주시겠어요?
Can I get my prescription filled here?

이것만은 꼭 알아두자!

감각으로 느끼다

I feel ~.

A: **Your hand feels cold.**
손이 차군요.

B: **Does it? But I feel kind of hot in my face.**
그래요? 그러나 얼굴은 좀 뜨거워요.

feel는 '(시각, 청각, 미각, 후각 이외의 감각을 몸으로) 느끼다'라는 의미입니다. I feel dizzy.(어지럽다), I feel chilly.(춥다), I feel languid.(나른하다), I feel feverish.(열이 난다) 등으로 씁니다.

- **The fresh air around here makes me feel good.**
  이 근처의 공기는 신선해서 기분이 좋다.

- **You looked so pale yesterday. Do you feel well today?**
  어제는 창백해 보였어요. 오늘은 괜찮아요?

feel good과 feel well은 모두 '기분이 좋다'라는 의미지만 전자는 '정신상태가 좋다', 후자는 '몸의 컨디션이 좋다'라는 차이가 있습니다.

병에 걸리다

I have ~.

A: **I have a burr in my throat.**
목이 막혔어요.

My cough's getting worse.
기침이 심해지고 있어요.

B: **Maybe you have a cold.**
감기인 것 같군요.

KNOW THIS!

have는 '병에 걸리다'라는 의미가 있습니다. 감기가 걸렸다는 표현은 have를 사용하면 I have a cold.라고 현재형을 쓰지만 catch를 사용할 때는 I caught a cold.라고 과거형을 씁니다. 이것은 have가 현재의 상태를 나타내는데 비해서 catch는 감기에 걸린 순간을 나타내기 때문입니다.

감각 표현

hot / warm / cold

〈더위〉

- **It's awfully hot, isn't it?**
  매우 덥군요.
- **It's a little too hot for the season.**
  이 계절 치고는 너무 덥군요.

〈추위〉

- **It was really cold out there. I'm freezing.**
  밖이 매우 추워서 얼어 죽을 것 같았어요.
- **It's getting cold.**
  좀 추워지는군요.

hot은 '덥다'라는 의미의 가장 기본적인 말입니다. 온도뿐만 아니라 '격렬한, 열광적인, 최신의'라는 비유적인 의미로도 폭넓게 사용됩니다.

warm은 우리말의 '따뜻하다'보다 좀 높은 온도를 나타내므로 **a warm summer**라고 하면 '더운 여름'을 의미합니다. 비유적으로 '인정 있는, 열심의, 성난'이라는 의미도 있습니다.

추위를 나타내는 말로 가장 기본적인 것이 cold입니다. 온도를 나타낼 경우 it을 주어로 할 수도 있고 I'm cold.나 I feel cold.와 같이 사람을 주어로 해도 좋습니다.

freezing은 '몹시 추운'이라는 의미입니다.

95

대화를 들어볼까요?

→ 케이트가 몸이 좋지 않아서 병원에 갔다.

Doctor : What seems to be the trouble?*

Kate : I have a sore throat and headache. And I feel worn* out.

Doctor : Open your mouth wide and say "ah".
Well, it's a little swollen. I'll take your temperature. Hmm … thirty seven degrees. Unbutton your shirt, please. Take a deep breath. When did you start having this problem?

Kate : Three days ago.

Doctor : Do you have an appetite*?

Kate : No, I don't. I can't keep anything in my stomach.

Doctor : You've got the flu. I'll give you a prescription*. Get these drugs at a pharmacy. Take them after every meal*.

Kate : Thank you.

What seems to be the trouble? 어디가 아프세요? (의사가 환자를 진찰할 때 쓰는 표현 How are you?라고도 한다.)   **worn** 지친, 피로한 (wear의 과거분사)   **appetite** 식욕   **prescription** 처방전   **after every meal** 매식후 (식간은 between meals)

DIALOGUE

의사 : 어디가 아프십니까?

케이트 : 몸이 아프고, 두통이 있습니다. 몸도 나른합니다.

의사 : 그럼 입을 크게 벌리고 '아'라고 해 보세요. 음, 조금 부어 있군요. 체온을 재 볼게요. 37도입니다. 셔츠의 단추를 풀어주세요. 심호흡을 해 주세요. 언제부터 이런 증상이 있었습니까?

케이트 : 3일 전부터입니다.

의사 : 식욕은 있습니까?

케이트 : 아뇨, 없습니다. 소화가 되지 않습니다.

의사 : 독감이군요. 처방전을 써 드리겠습니다. 약국에서 약을 지으세요. 매식후에 드세요.

케이트 : 고맙습니다.

의사와의 대화 때 사용하는 표현이므로 확실하게 알아 두세요. **feel**과 **have**를 언제 써야 하는지 알겠습니까?

빈칸을 채워보세요

→ 회사에 출근했는데 몸이 좋지 않다.

1 얼굴이 창백한 당신을 보고 동료가 걱정해 준다.

동료 : **Hey, you look pale. What's up?**
이봐, 안색이 나쁜데, 어디 아파?

당신 : **I ① _____ dizzy because I haven't eaten anything since yesterday.**
어제부터 아무 것도 먹지 못해서 좀 어지러워.

2 컴퓨터 앞에 앉아서 자판을 치고 있는데 갑자기 손가락이 아프다.

당신 : **Ouch!**
아야!

동료 : **What?**
무슨 일이야?

당신 : **Something stung my finger. Wow, it ② _____ !**
뭔가가 손가락을 찔렀어! 아파!

동료 : **Let me have a look.**
좀 보자.

3 이윽고 퇴근시간이 되었다.

당신 : **I'm worn out. I ③ _____ stiff shoulders and sore arms.**
지쳤어. 어깨도 결리고 팔이 쑤셔.

EXERCISE

동료 : **It was a hard day, wasn't it?**

오늘은 힘든 하루였지?

COLUMN

★ **영국영어, 미국영어의 차이 (병)**

무엇보다 구급차 전화번호도 미국은 911, 영국은 999로 서로 다릅니다.

★ **미국영어와 영국영어의 의미 차이**

	미국	영국
병이 들다	I get sick.	I'm taken ill. (영국영어로 I get sick.이라고 하면 단순히 기분이 좋지 않은 것을 의미)
약국	drugstore	chemist's
주사	shot	injection
수술실	operating room	operating theatre
병원	hospital (입원설비가 있는 모든 병원)	hospital (국립병원만)

★ **체온에 관한 우리말과 영어권의 차이**

섭씨(Celsius, Centigrade)와 화씨(Fahrenheit)는 알고 있어도 체온계가 구강용(oral)과 직장용(rectal)이 있다는 것을 아는 사람은 많지 않습니다. rectal용은 위가 볼록하게 굽어져 있습니다.

Answers

① feel　② hurts　③ have

Unit 12

학습일

전화에 관한 표현

영어로 통화를 할 때는 직접 만나서 얘기하는 것보다 훨씬 어려워요. 상대의 얼굴 표정이 보이지 않기 때문에 상대의 말을 정확하게 알아듣고 자기가 말하는 것은 간결하고 정확하게 발음하는 것이 중요합니다. 상대의 이름을 제대로 알아듣지 못했으면 그냥 어물어물 짐작하고 넘어갈 것이 아니라 **May I have your name again?**(다시 한 번 성함을 말씀해 주시겠습니까?)이라고 이름을 반드시 확인해야 실수가 없습니다.

날마다 쓰는 베스트 기본문장 따라 읽기

Step 1 : 원어민 음성 무작정 듣기　**step 2** : 크게 소리내어 따라 읽기　**step 3** : 문장의 뜻 확인하며 다시 읽기　**step 4** : 혼자서 문장 읽어보기

078　이 근처에 공중전화가 있나요?

Is there a pay phone around here?

079　전화를 써도 될까요?

Can I use your telephone?

080　여보세요, 에반스 씨입니까?

Hello. Is this Mr. Evans?

081　리디아와 통화하고 싶습니다.

Can I speak to Lydia?

082　끊지 말고 잠깐만 기다리세요.

Hold on a minute, please.

083　지금 자리에 안 계십니다.

He's not at his desk.

084　전하실 말씀이 있습니까?

Would you like to leave a message?

이것만은 꼭 알아두자!

전화를 바꿔달라고 부탁할 때

Can you put Ms. Lee on the line, please?

A: **Good morning. ABC industries. May I help you?**
ABC 공업입니다. 무슨 용건이십니까?

B: **Hello, this is Mr. Williams calling. May I speak to Mr. Kim of the Public Relations Department, please?**
윌리엄즈라고 합니다만. 홍보부의 미스터 킴을 부탁합니다.

A: **Yes, I'll put you through to Mr. Kim. Hold on, please.**
미스터 킴을 바꿔 드리겠습니다. 잠깐만 기다려 주십시오.

B: **Thank you.**
감사합니다.

자신의 이름을 대고 상대의 이름(과 소속)을 알리며 바꿔달라고 합니다.

(1) 자신의 이름을 밝힙니다.
　　전화 회화에서 '자신'은 This is ~.라고 표현합니다.

- **This is Ms. Lee.** 　　　　　　　　　　미즈 리입니다.
- **This is Mr. Kim speaking.** 　　　　　미스터 킴입니다.
- **This is Ms. Park of ABC Industries.** 　ABC 공업의 미즈 박입니다.

(2) 상대의 이름을 알리고 바꿔 달라고 합니다.

- **Can you put Ms. Lee on the line, please?**
　미즈 리를 부탁합니다.
- **May I speak to Mr. Kim, extension 459?**
　내선 459의 미스터 킴을 부탁합니다.
- **I'd like to talk to Ms. Billings of the Finance Department.**
　재무과의 빌링스 씨를 부탁합니다.
- **I'd like to speak to the person in charge of public relations.**
　홍보를 담당하시는 분을 부탁합니다.

KNOW THIS!

(3) 전화를 바꿉니다.

'바꿔 드리겠습니다.'는 I'll put you through.라고 합니다. put through는 '연결하다'라는 의미로 사용합니다.

또한 I'll put your call through.라고 하거나, connect를 써서 I'll connect you.라고 하기도 합니다.

상대가 부재일 때

Can I leave a message?

A: **May I speak to Mr. Kim, please?** — 미스터 김을 부탁합니다.
B: **Unfortunately, he is out now.** — 안됐지만, 외출중입니다.
A: **When is he expected to be back?** — 언제 돌아올 것 같습니까?
B: **He'll be back by four o'clock.** — 4시까지는 돌아올 것 같습니다.
A: **I see. Can I leave a message?** — 알겠습니다. 전언을 부탁할 수 있습니까?
B: **Yes, please.** — 예.

상대가 부재일 경우, 돌아오는 시간을 묻거나 전언을 부탁하는 표현을 알아 둡시다. '언제 돌아옵니까?'라는 어법에는 다음과 같은 표현도 있습니다.

- **When will she come back?**
- **Do you know when he'll be in?**
- **Can you tell me what time she'll be there?**

'전언을 부탁하겠습니다.'는 Can I leave a message? 또는 Can you take a message?라고 합니다.
반대로 '전언이 있습니까?'는 May I take a message? 또는 Would you like to leave a message?라고 합니다.

이것만은 꼭 알아두자!

상대가 통화 중일 때

His line is busy now.

A:	Is Mr. Phillips in?	필립스 씨 계십니까?
B:	Yes, he is.	예, 계십니다.
	Just a moment, please.	잠깐만 기다려 주십시오.
	I'm sorry, sir, his line is busy now.	죄송합니다. 지금 통화중입니다.
	Would you like to hold?	잠깐 기다려 주시겠습니까?
A:	This is a long distance call.	장거리 통화입니다.
	I can't hold very long.	그렇게 오래 기다릴 수 없습니다.
B:	I see. Oh, his line is open now.	알겠습니다. 지금 전화가 끝났습니다.

통화중인 경우는 **line is busy**, 전화회선이 빈 경우는 **line is open**이라고 합니다.

다시 전화를 걸겠다고 할 때

I'll call him again later.

A: **Would you like to leave a message?**
전언이 있습니까?

B: **Yes, please. Please have him call when he gets back.**
예. 돌아오면 전화해 달라고 전해 주십시오.

A: **I'll give him your message.**
그에게 전달해 드리겠습니다.

B: **Thank you.**
감사합니다.

KNOW THIS!

상대가 부재인 경우, 상대에게 전화를 걸어 달란다고 부탁하는 경우도 있고, 전화를 건 측이 다시 걸 수도 있습니다.

(1) 전화를 건 측의 경우

'제가 다시 걸겠습니다.'

- **I'll call him again later.** 나중에 다시 걸겠습니다.
- **I'll call her again in half an hour.** 30분 후 다시 걸겠습니다.

'걸어 주시겠습니까?'

- **Please have him call me in ten minutes.**
  10분 후에 전화해 달란다고 전해 주십시오.

(2) 전화를 받은 측의 대응

'다시 걸어 주시겠습니까?'

- **Would you mind calling back tomorrow?**
  내일 다시 전화해 주시겠습니까?
- **Please call back after one o'clock.**
  1시 후에 다시 전화해 주십시오.
- **Will you call us back after ten?**
  10시 이후에 전화해 주시겠습니까?

'다시 전화 드리도록 할까요?'

- **Would you like me to have him give you a call?**
  그에게 전화하도록 할까요?

대화를 들어볼까요?

→ 미라가 미국에서 체재하고 있는 친구 선희에게 전화를 걸고 있다.

Mira : This is Mira speaking. May I speak to Sunhee, please?

Ms. Paula : I'm afraid she's out. Would you like to leave a message?

Mira : Yes, please. Tell her that I'll send her the itinerary* of my trip to the United States next month, and to be sure to look out for it.

Ms. Paula : Oh yes, Sunhee said she was expecting a visitor from Korea. She's looking forward to you coming. This is Paula, Sunhee's host sister.

Mira : I thought so. Sunhee told me in her letter that she has a beautiful host sister. I'm very excited to meet you and your family.

Ms. Paula : I'm excited to meet you, too. I hear you are one of Sunhee's best friends. Well, anyway, I'd better let you go* now. I'll pass on* the message.

itinerary 여정　let someone go 놓다, 풀어주다　pass on 전하다

DIALOGUE

Mira : **Thank you. It was nice talking to you.**

Ms. Paula : **Nice talking to you, too. Bye.**

미라 : 미라입니다. 선희 있습니까?

폴라 : 지금 외출 중인데요. 뭐라고 전할 말이 있습니까?

미라 : 예, 부탁합니다. 다음 달에 제 미국 여행 일정표를 보냅니다. 검토해 주었으면 한다고 선희에게 전해 주십시오.

폴라 : 예, 선희에게 들었어요. 한국에서 올 손님을 기다리고 있다고요. 나는 폴라예요. 선희의 집 주인의 딸입니다.

미라 : 그렇게 생각했어요. 선희가 편지에 아름다운 집주인의 따님이 있다고 썼어요. 가족 모두를 만나게 될 수 있어 기쁩니다.

폴라 : 저도요. 당신을 만날 수 있어서 기쁩니다. 선희의 가장 친한 친구 중 하나라고 들었어요. 자, 실례해야겠군요. 메시지는 전해 드릴게요.

미라 : 고마워요. 대화 즐거웠어요.

폴라 : 저도요. 안녕.

얼굴이 보이지 않는 전화 통화에선 좀 더 정중하고 명확한 표현을 쓰도록 주의해 주세요.

빈칸을 채워보세요

→ 당신은 이사할 곳을 찾고 있다. 부동산에 전화해서 물어보자.

여직원 : **Good morning. H Real Estates. May I help you?**
안녕하세요. H 부동산입니다. 무슨 용건입니까?

당신 : **Good morning, this is Ms. Kim.**
안녕하세요. 미즈 김입니다.

I am looking for an apartment. ① _____ **to someone in charge?**
아파트를 찾고 있습니다. 담당자를 부탁합니다.

여직원 : **Hold on a moment, please.**
잠깐만 기다려 주십시오.

A : **Customer Service. May I help you?**
고객 담당입니다. 무슨 용건입니까?

당신 : **This is Ms. Kim** ② _____
미즈 김입니다.

I am looking for an apartment in Dongdaemoon area ….
동대문 지역에 아파트를 찾고 있습니다.

A : **I see. Mr. Park of our section is in charge of Dongdaemoon area.**
알겠습니다. 동대문 지구 담당은 미스터 박입니다.

But unfortunately he is in a meeting right now.
죄송합니다만, 지금 회의중입니다.

당신 : **I see. When** ③ _____ **, then?**
알겠습니다. 그럼 언제가 좋을까요?

A : **I will have him give you a call as soon as he is**

EXERCISE

available, if you don't mind.

좋으시다면 끝나는 대로 담당자가 전화를 드리도록 하겠습니다.

Could you give me your spelling, please?

스펠링을 부탁하겠습니다.

당신 : **It's** ④   .

코리아의 K, 인디아의 I, 마드리드의 M입니다.

COLUMN

★ 영어로 전화를 걸 때의 알아둘 점

전화는 얼굴을 볼 수 없으므로 주의할 것이 있습니다.

(1) 중요한 단어는 강하게 말합니다. 이것은 보통의 회화에서도 해당되지만 전화에서는 특히 주의가 필요합니다. 그 가운데서도 숫자와 이름은 꼭 확인하십시오.

(2) 숫자는 반드시 확인합니다. 13부터 19까지의 -teen이 붙는 숫자는 -ty와 혼동하기 쉽습니다. **fourteen**은 **one-four**, **fifteen**은 **one-five**, **forty**는 **four-zero**, **fifty**는 **five-zero**라고 상대에게 확인합니다.

(3) 번호는 하나씩 확실히 말합니다.

(4) 0은 '오우'라고 하지 않고 '지로우'와 같이 확실히 발음하면 상대방이 0(오) 또는 4(풔)라고 혼동할 염려가 없습니다.

★ 최근의 전화 사정

장난전화를 방지하기 위해 전화를 받아도 이름을 밝히지 않거나, 번호만을 말하는 경우가 구미에서도 늘고 있습니다.

이러한 경우는 건 쪽에서 먼저 **This is ~.**나 **Is that Mr. ~?**라고 말해 주면 됩니다.

Answers

① **May I speak / I'd like to speak** 등   ② **speaking**   ③ **will be available / will the meeting finish**   ④ **K for Korea, I for India and M for Madrid**

Unit 13

학습일

비즈니스_만남과 소개

어느 분야에서나 마찬가지겠지만 특히 사업을 하는 사람이나 직장인들에게 첫 인상은 굉장히 중요합니다. 자신의 회사를 찾아온 사람을 맞이할 때는 **May I help you?**(무슨 용건이십니까?)라고 묻고, 다른 회사를 찾아갔을 때는 먼저 자신의 신분을 밝힌 다음 **Is Mr. Snow in?**(스노우 씨 있나요?)이라고 만나고 싶은 사람을 부탁하거나 찾아온 용건을 말합니다. 정중한 소개 방법과 인사법을 배워서 필요할 때 잘 응용해봅시다.

What can I do for you?

날마다 쓰는 베스트 기본문장 따라 읽기

Step 1 : 원어민 음성 무작정 듣기 > **step 2** : 크게 소리내어 따라 읽기 > **step 3** : 문장의 뜻 확인하며 다시 읽기 > **step 4** : 혼자서 문장 읽어보기

085 　잠깐 만날 수 있을까요?

Can I see you for a moment?

086 　몇 시로 했으면 좋겠어요?

What time is good for you?

087 　성함을 말씀해 주세요.

May I have your name, please?

088 　무슨 용건이십니까?

May I help you?

089 　그분의 사무실로 안내해 드리겠습니다.

I'll show you to his office.

090 　제 명함입니다.

My card.

091 　무얼 도와 드릴까요?

What can I do for you?

머리에 쏙쏙! 이것만은 꼭 알아두자!

소개

Let me introduce A to B.

A: **Good morning, Mr. Lee. How are you today?**
안녕하세요. 미스터 리. 건강하십니까?

B: **Fine, thank you. It's nice to see you again.**
덕분에요. 다시 만나 기쁩니다.

A: **First of all, let me introduce Mr. Park to you. He is in charge of this project and will be the contact for our side. Mr. Park, this is Mr. Lee.**
먼저, 미스터 박을 소개하겠습니다. 본 계획과 우리 쪽의 창구를 맡고 있습니다. 미스터 박, 이쪽은 미스터 리입니다.

C: **Good morning, Mr. Lee. Nice to meet you.**
안녕하십니까? 만나서 반갑습니다.

B: **Nice to meet you, too.**
저도요.

A: **And also Ms. Han will be in charge with Mr. Lee, but she is out all day today. I will introduce her to you at the earliest opportunity.**
그리고 미즈 한도 미스터 리와 함께 담당합니다만, 오늘은 외근입니다. 곧 소개해 드리겠습니다.

B: **I am looking forward to it.**
기대하겠습니다.

사람을 소개하는 데는 다음과 같은 두 가지 표현이 있습니다.

- **Let me introduce A to B.**   B에게 A를 소개하겠습니다.
- **I'll introduce A to B.**   B에게 A를 소개하겠습니다.

이외에 다음과 같은 어법도 있습니다.

KNOW THIS!

- **I'd like you to meet my daughter here.** 제 딸을 소개하겠습니다.
- **May I introduce the manager to you?** 부장님을 소개하겠습니다.

공식적인 자기소개

I'm (name) from ~.

A: **Excuse me, but you must be Mr. Williams.**
실례지만, 윌리엄즈 씨지요?

B: **Yes, I am.**
그렇습니다만.

A: **I'm Lee Dongsoo, Mr. Kim's chief assistant.**
김 부장님의 과장 대리 김동수입니다.

How do you do, sir?
처음 뵙겠습니다.

B: **Oh, I'm glad to see you. Mr. Kim told me that you'd pick me up.**
만나서 반갑습니다. 김 부장님께서 당신이 데리러 온다고 들었습니다.

A: **I'm sorry that I kept you waiting.**
기다리게 해서 죄송합니다.

B: **Not at all.**
천만에요.

자신의 이름과 직업을 말할 때는 I'm (name) from ~.을 쓸 수 있습니다.

- **I'm Bob Thompson from Korea Data incorporated.**
한국 데이터사의 밥 톰슨입니다.

113

이것만은 꼭 알아두자!

또한, **be with**를 이용한 표현도 있습니다.

- **I'm with Super Electronics.** 슈퍼일렉트로닉사에 근무하고 있습니다.

담당하는 분야는 **in change of**를 써서 나타냅니다.

- **I'm in change of Southeast Asian account.**
  나는 동남아시아 거래처를 담당하고 있습니다.

또한, **take care of**를 이용할 수도 있습니다.

- **He takes care of our sales campaign for the new model.**
  그는 신제품의 판매 홍보를 담당하고 있습니다.

공식적인 인사

How do you do, sir[ma'am]?

A: **Good evening, Mr. Peterson.**
안녕하세요. 피터슨 씨.

Have you met my daughter yet?
제 딸을 만난 적이 있어요?

B: **I don't think so.**
아직 없는 것 같습니다.

A: **Well, this is my oldest daughter Sunhee. Sunhee, this is Mr. Peterson.**
장녀 선희예요. 선희, 이분은 피터슨 씨야.

B: **How do you do, sir?**
처음 뵙겠습니다.

I'm pleased to meet you.
만나서 기쁩니다.

공식적인 자리에서의 인사는 처음 만나는 경우는 **How do you do, sir[ma'am]?**이

KNOW THIS!

라고 하고, 뒤에 I'm pleased to meet you.를 붙이면 정중한 인사가 됩니다. '뵙게 되어 기쁩니다.'는 It's a pleasure to meet you.나 It's nice to see you.라고 합니다.

이런 인사를 들으면 I'm please[glad] to meet you, too.나 It's nice to see you, too. 등으로 응답하며, Pleasures are (all) mine.이라고 해도 좋습니다. 감사의 인사에 대한 대답으로 사용하는 My pleasure.는 '별 말씀을요.'라는 뜻입니다.

안내

Would you follow me, please?

A: **Good morning. My name is Kim, and I have an appointment with Mr. Park at ten o'clock.**
안녕하세요. 김이라고 합니다만, 10시에 미스터 박과 약속을 했습니다.

B: **Good morning, Ms. Kim. Would you follow me, please?**
안녕하세요, 미즈 김. 따라오세요.

I'll show you to the meeting room.
회의실로 안내하겠습니다.

많은 사람에게 소개할 경우 아래의 표현을 쓸 수 있습니다.

- **Well, here we are.**
  자, 도착했어요.

- **Could I have everyone's attention for minutes?**
  모두, 이쪽을 주목해 주십시오.

- **This is Mr. Bob Jones, our new manager.**
  이쪽은 신임 부장님인 밥 존스입니다.

대화를 들어볼까요?

→ 케이트가 새 부서에 배치되었다. 오늘은 첫 출근일. 상사인 김 부장과 인사를 한다.

Mr. Lee : Would you come this way, please?
I'll introduce you to our Manager, Mr. Kim.
Mr. Kim, I'd like you to meet Kate Williams, our new staff member.

Mr. Kim : How do you do, Ms. Williams?
Welcome to the advertising* department.

Kate : Pleased to meet you, Mr. Kim.
I'm very happy to be here.

Mr. Lee : Well, if you'll excuse me, I'll leave you two now*.

Mr. Kim : Thanks, Mr. Lee. See you at the three o'clock meeting.

Kate : Thanks for all your help, Mr. Lee.

Mr. Lee : My pleasure. See you later.

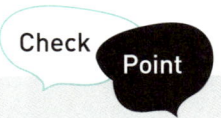

advertising 광고의   **If you'll excuse me, I'll ~.** 괜찮으시다면 저는 ~하겠습니다.

DIALOGUE

Mr. Kim : **Now, would you like to meet the other people in the department?**

Kate : **Yes, I sure would.**

Mr. Kim : **I'll tell you their names first. You're going to meet Mr. Park, Mr. Lim and Ms. Han.**

Kate : **I see. I'm looking forward to meeting them.**

미스터 리 : 이쪽으로 오세요. 김 부장님을 소개하겠습니다. 김 부장님, 새로 배속된 케이트 윌리엄즈 씨를 소개합니다.

김 부장 : 안녕하세요. 윌리엄즈 씨. 광고부에 오신 걸 환영합니다.

케이트 : 만나서 반갑습니다. 김 부장님. 이곳에 배속되어 영광입니다.

미스터 리 : 괜찮다면, 저는 여기에서 실례하겠습니다.

김 부장 : 감사합니다. 미스터 리, 그럼 3시 회의에서 뵙겠습니다.

케이트 : 미스터 리, 여러 가지로 감사했습니다.

미스터 리 : 천만에요. 그럼 나중에 뵙겠습니다.

김 부장 : 자, 부서의 다른 사람들도 소개해 드릴까요?

케이트 : 예, 그래 주세요.

김 부장 : 먼저 이름을 말해 드릴게요. 미스터 박, 미스터 임, 미즈 한을 만나게 될 겁니다.

케이트 : 알겠습니다. 기대되는군요.

떨리는 첫 출근, 준비된 모습으로 임하는 게 멋있어 보이겠죠?

빈칸을 채워보세요

→ 당신 상사의 손님을 만나게 되었다. 응대해보자.

1 약속이 있는 손님을 만났다. 안내해보자.

손님 : **Good morning. I'm Mr. Billings.**
안녕하세요. 저는 빌링스입니다.

I have an appointment with Mr. Park.
박 부장님과 약속을 했습니다.

당신 : **Good morning, Mr. Billings.**
안녕하세요. 빌링스 씨.

Mr. Park is expecting you. Please ①_____ this way.
박 부장님이 기다리고 계십니다. 이쪽으로 오세요.

2 처음 만나는 손님이다. 자신을 소개해보자.

당신 : **I am Miss Kim, Senior Assistant to Mr. Park.**
나는 박 부장님의 비서인 미스 김입니다.

손님 : **I am Miss Camp of CH Industries. Nice to meet you.**
CH공업의 캠프라고 합니다. 만나서 반갑습니다.

당신 : **②_____ you, too.**
저도요.

3 다음날, Miss Camp가 다시 방문했다. 상사에게 소개해보자.

당신 : **Let me ③_____ Miss Camp of CH Industries.**
CH공업의 캠프 씨를 소개합니다.

Miss Camp, this is Mr. Park.

EXERCISE

캠프 씨, 이쪽이 박 부장님입니다.

Miss Camp : **I'm pleased to meet you.**

뵙게 되어 기쁩니다.

Mr. Park : **Pleasures are all mine.**

저도 기쁩니다.

COLUMN

★ 국제전화

교환에게 국제전화(international call)을 신청할 때는 I'd like to make a call to ~.라는 표현을 씁니다.

call만으로 '(전화의) 통화'라는 의미가 있습니다. make a call은 '전화하다', give (사람) a call은 '누구에게 전화하다', receive a call은 '전화를 받다'가 됩니다.
통화의 종류에는 다음과 같은 것들이 있습니다.

- **person to person call** 지명통화
- **station call** 국번통화
- **collect call** 콜렉트 콜(수신자 부담 통화)
- **credit card call** 신용카드 통화

해외에서 국제전화를 신청하면 교환과 다음과 같은 대화를 주고받습니다.

(1) 교환입니다.　**This is the operator. May I help you?**
(2) 번호(와 상대방의 이름)를 말해주세요.
　　What number (and who) are you calling to?
(3) 당신의 이름(과 철자)을 말해주세요.　**Your name (and spelling), please.**
(4) 잠깐만 기다려 주십시오.　**Hold the line, please.**
(5) 연결하겠습니다.　**I'll put you through.**
(6) 통화하십시오.　**Please go ahead.**
(7) 통화중입니다 / 부재중입니다.　**The line is busy. / Your party is not in.**

Answers

① **come**　② **Nice to meet / Glad to see** 등　③ **introduce**

Unit 14

파티에 관한 표현

서양 사람들은 크고 작은 파티를 많이 합니다. 성대한 정식 파티부터 아주 가벼운 티모임까지 아주 다양한 파티를 즐기지요. 어쨌든 초대를 받았다면 그만큼 친분이 두터워졌다는 뜻이니까 파티 문화가 낯설더라도 망설이지 말고 모처럼 현지 사람들과 만날 기회라 생각하고 **I'd be happy to.**(기꺼이 그렇게 하겠습니다.) 기꺼이 참석하는 게 어떨까요. 조크나 칭찬의 표현도 준비하면 금상첨화! 다양한 초대의 표현을 익혀두도록 합시다.

Can't you come to our party?

날마다 쓰는 베스트 기본문장 따라 읽기

Step 1 : 원어민 음성 무작정 듣기
Step 2 : 크게 소리내어 따라 읽기
Step 3 : 문장의 뜻 확인하며 다시 읽기
Step 4 : 혼자서 문장 읽어보기

092 저희 파티에 오시지 않겠어요?
Can't you come to our party?

093 초대해 주셔서 감사합니다.
Thank you for inviting me.

094 여기 조그만 선물입니다.
Here's something for you.

095 당신을 위하여 건배!
Here's to you!

096 즐거운 시간이었습니다.
I had a wonderful time.

097 파티 아주 즐거웠습니다.
I had a very good time at the party.

098 조만간 다시 만났으면 합니다..
I hope I'll see you again soon.

BASIC EXPRESSIONS

이것만은 꼭 알아두자!

조크하는 법

> **You want to hear this?**
>
> A : **Have you ever heard the story about a cat who is afraid of rats?**
> 쥐를 무서워하는 고양이 이야기 알고 있니?
>
> B : **No. What's that?**
> 아니. 그게 뭐지?
>
> A : **Well, there is a guy living in the next to my room who keeps a cat. One day, ….**
> 내 옆집에 살고 있는 녀석이 고양이를 기르고 있었어. 어느 날 ….
>
> B : **Oh, I'm sorry I have to go. My girlfriend is here. Maybe next time.**
> 미안해 가야겠어. 그녀가 왔어. 다음에 또 들려줘.
>
> A : **Sure.**
> 좋아.

회화를 부드럽게 하거나 인간관계를 원활히 하는데 유머 감각(sense of humor)이 필요합니다. 여기에서는 여러 가지 조크하는 법을 공부해봅시다.

〈누군가가 조크를 하고 그것을 받아서 자신도 조크할 때의 상용표현〉

- **That reminds me of the most exciting story ….**
  그래서 생각나는 것이 있는데 ….

〈친구 사이에 가볍게 조크를 할 때〉

- **You want to hear this?** 이런 얘기, 어때?

〈친구 사이에 장난하는 제스처나 동작 또는 흉내 등을 낼 때〉

- **Hey, what about this one?** 이봐, 이런 건 어때?

조크로서 피해야 할 것은 1. 종교 관계 2. 정치 관계 3. 신체에 관한 표현 4. 인종,

KNOW THIS!

민족, 성차별에 관한 내용 등입니다.

다음과 같은 한두 가지 조크를 알아둡시다.

〈날씨가 매우 추울 때〉

- **Is this cold enough for you?** 이 정도 추위면 충분하지?

〈키가 큰 상대에게〉

- **How is the weather up there?** 위쪽의 날씨는 어때?

이런 대답은 어떨까?

- **It's not so bad as down there.** 아래쪽보다 좋아요.

사교상의 칭찬 표현

You look very lovely today.

A: **Good morning, Ms. Han.**
안녕하세요. 미즈 한.

You look very lovely today.
오늘은 매우 아름답군요.

B: **Thank you. But does that mean I don't look very lovely every day?**
고마워요. 그런데 평소에는 예쁘지 않다는 건가요?

A: **Oh, I didn't mean that!**
아, 그런 뜻이 아니에요.

I meant you look more lovely than ever.
항상 예쁘지만 오늘은 더 예쁘다는 거예요.

B: **I know. I was just joking.**
알고 있어요. 농담해 본 거예요.

이것만은 꼭 알아두자!

파티에서는 사교적인 칭찬의 말을 사용할 때가 많습니다. 가정에 초대 받았을 때는 장식품, 가구 등을 칭찬하는 것이 매너입니다.

A: **It's surely a nice house.**
멋진 집이군요.

B: **Thank you. Let me show you to the garden, if you don't mind.**
고마워요. 괜찮다면 정원을 보여 드릴게요.

A: **Beautiful! It looks like it's been kept very well.**
아름답군요! 잘 손질되어 있는 것 같아요.

Who takes care of this?
누가 이것을 손질하지요?

B: **My husband, he loves gardening.**
남편이 정원 다듬는 걸 좋아해요.

Every Sunday he gets out to the garden and does nothing but taking care of plants and flowers.
일요일이면, 정원에 나가서 식물과 꽃을 돌보기만 하죠.

I am not even a glint in his eyes.
나는 거들떠보지도 않아요.

선물을 줄 때의 표현

I got something to give you.

A: **I have something for you.**
당신에게 줄 게 있어.

B: **What's the occasion?**
오늘이 무슨 날이에요?

A: **Don't you remember? It's the third anniversary of our marriage.**
잊었어? 결혼 3주년 기념일이야.

KNOW THIS!

B: **Oh! I'm sorry.**
아! 미안해요.

Why didn't I remember such an important thing?
어째서 그런 중요한 일을 잊었지?

A: **Anyway, I got something that you wanted so badly. Here, open it.**
어쨌든, 당신이 매우 좋아할 것이 있어. 열어 봐.

B: **Wow, it's the ticket for the concert!**
와, 콘서트 티켓이군요!

It must have been very difficult to get them.
이것 구하기가 어려웠을 텐데요.

A: **Not much. I will pick up at six tomorrow night.**
그렇지 않아요. 내일 밤 6시에 데리러 갈게요.

'선물이 있다'는 I have a present for you.가 우선 머리에 떠오르지만, 실제는 I have something for you.가 자주 사용됩니다.

- **I got something to give you.** 드릴 것이 있습니다.
- **I want to give you something on your birthday. What would you like?** 생일에 선물을 하고 싶은데, 바라는 게 있어요?

또한, 'A가 B에게 줄 선물을 샀다[주었다]'는 다음과 같이 합니다.

- **He bought a present for his parents.** 그는 부모님께 드릴 선물을 샀다.
- **John made Meg a present of a necklace.** 존은 멕에게 목걸이를 선물했다.

여기서 present와 gift의 뉘앙스 차이를 설명해봅시다.

present는 '친근한 마음을 전하는' 것으로의 선물, gift는 격식을 차린 느낌이 있는 말로 '다소 가치가 있는' 선물을 의미합니다.

대화를 들어볼까요?

→ 오늘은 케이트의 생일이다. 가든파티가 열리고 친구들이 모여 있다.

Kate : Ha, ha, ha, ….

George : But the funniest thing was ….

Mira : What's so funny, Kate?

Kate : Oh, Mira. Have you met my friend here? He's a riot*!
This is George. George, this is Mira.

George : Hi, how do you do?

Why don't you join us?

I was just going to tell Kate about this weird* guy I met yesterday.

I was ….

Kate : Hang on a minute George, is this some rude* joke?
There are ladies present.
Why don't you tell us one of your clean jokes?

George : Certainly, ma'am.

What about this? It's a riddle*. Why is six afraid of seven?

Mira : … I don't know.

Check Point

riot 매우 재미있는 사람[사물] 〈구어〉   **weird** 기묘한, 이상한 〈구어〉
rude 무례한, 난잡한   **riddle** 수수께끼

✓ 1 2 3 **DIALOGUE**

George : **Because "seven, eight, nine!"**

Kate : **Oh, seven ate nine! I get it!**

George : **Kids love riddles like that.**
I volunteer at a kindergarten, and the kids love listening to my jokes and riddles.

Mira : **You work at a kindergarten? That sounds fun.**

케이트 : 하하하 ….

조지 : 제일 재미있는 것은 ….

미라 : 무엇이 그렇게 재미있어요, 케이트?

케이트 : 아, 미라, 이 사람 알죠? 재미있는 친구예요. 이쪽은 조지에요. 조지, 이쪽은 미라.

조지 : 안녕하세요. 괜찮다면 함께 하세요. 바로 어제 만난 재미있는 녀석 이야기를 케이트에게 하고 있었어요. 나는요 ….

케이트 : 잠깐 기다려요, 조지. 좀 무례한 농담이 아니에요? 숙녀들이 있잖아요. 품위 있는 농담을 좀 하지 그래요?

조지 : 알았어요. 이것은 어때요? 퀴즈인데, 6은 7을 무서워해요. 왜인지 알겠어요?

미라 : … 모르겠어요.

조지 : 그것은 세븐, 에잇, 나인 때문이에요.

케이트 : 아, 7이 9를 먹었다(eight = ate)는 거지! 맞았지요!

조지 : 아이들은 이런 퀴즈를 매우 좋아해요. 유치원에서 자원봉사를 하니까 아이들이 나의 조크나 퀴즈를 재미있게 들어줘요.

미라 : 유치원에서 일해요? 재미있겠군요.

Tip

수수께끼나 농담도 분위기를 봐가면서 해야겠죠? '**Yeah, Right**~.' 도 때에 따라 '놀고 있네!'라는 말로 쓰이기도 하니까요~.

빈칸을 채워보세요

→ 회사 선배의 생일 파티에 초대되었다.

1 동료들을 대표해서 선물을 건네주자.

당신 : **Happy birthday. This is ①_____ for you, from all of us.**

생일 축하해요. 이것은 모두가 주는 선물입니다.

선배 : **Oh, thank you very much. What is it?**

아, 고마워요. 뭐죠?

2 당신은 상사와 그의 넥타이에 관하여 이야기하고 있다.

당신 : **It's a lovely tie that you're wearing.**

멋진 넥타이군요.

상사 : **Do you think so? My wife bought this when we went to Italy last year.**

그렇게 생각해요? 작년에 이탈리아에 갔을 때 처가 사준 거예요.

당신 : **How nice! Your wife definitely has good ②_____.**

멋져요! 부인은 감각이 매우 좋으시군요.

3 상사가 돌아간 후 친한 친구들과 농담을 한다.

선배 : **… and he had to go to the ladies' room because he was all disguised in women's clothes!**

그리고 그 남자는 여장을 했기 때문에 여자 화장실에 들어가야 했어!

EXERCISE

당신 : **Well, that** ③ _____ **me of the funniest story of my neighbor.**

그러고 보니, 아주 재미있는 이웃사람이 생각나요.

Listen.

들어봐요.

C|O|L|U|M|N

★ 빌리다와 빌려주다

(1) borrow

'빌리다'는 borrow, '빌려주다'는 lend입니다. 혼동하기 쉬우므로 여기에서 확실하게 연습해 둡시다. 먼저 자신이 빌리는 상황을 생각해 보고 반드시 자신을 주어로 해서 **May[Can, Could] I borrow ~?**라고 해야 합니다. 그렇다고 **Please borrow me ~.** 또는 **Could you [Will you, Would you] borrow me ~?**라고 하지 않도록 주의합시다. 남의 것을 빌리는 일이므로 정중한 표현인 **May I ~? / Can I ~? / Could I ~?**를 씁니다. **Can I ~?**보다 **Could I ~?**가 정중한 표현이지만 **Will you let me borrow ~?**도 더욱 정중한 표현입니다.

(2) lend

자신이 빌리는 상황에서 lend를 사용할 때는 주어가 상대방(**you**)으로 됩니다. 즉, 상대방 쪽에서 보면 빌려주는 행위이므로 lend를 쓰는 것입니다. 여기에서 borrow와 lend를 사용한 문장을 연습해봅시다.

- May I borrow a screwdriver?
→ Please lend me a screwdriver.
 드라이버를 빌려도 됩니까?

- Don't lend it to him. He never gives it back.
→ Don't let him borrow it. He never gives it back.
 그에게는 빌려주지 마세요. 절대로 돌려주지 않는 사람이에요.

Answers

① **something**　② **taste**　③ **reminds**

Unit 15

계획과 희망에 관한 표현

상대방의 스케줄이나 계획을 알아야 한다면 **What are you doing ~?**(~을 할 겁니까?) / **Do you have any plans ~?**(~할 계획이 있으세요?) / **Are you going to ~?**(~할 예정이세요?) 상대방의 희망 사항을 물을 때는 **Do you want to ~?**(~하고 싶습니까?) / **Do you want me to ~?**(제가 ~해 주길 원하나요?) 자신의 희망 사항을 알려주고 싶다면 **I'd like to ~.**(~하고 싶습니다.) / **I want to ~.**(~하고 싶습니다.)의 문형을 사용합니다.

What are you going to do this weekend?

날마다 쓰는 베스트 기본문장 따라 읽기

Step 1 : 원어민 음성 무작정 듣기   **step 2** : 크게 소리내어 따라 읽기   **step 3** : 문장의 뜻 확인하며 다시 읽기   **step 4** : 혼자서 문장 읽어보기

099 이번 주말에는 뭐 할 겁니까?
What are you going to do this weekend?

100 며칠이나 머무르실 겁니까?
How long are you going to stay?

101 오늘 밤 뭐 특별한 계획 있어요?
Do you have any plans tonight?

102 더 시키실 일은 없으세요?
Do you want to do anything else?

103 제가 어떻게 하면 좋을까요?
What do you want me to do?

104 당신에게 할 말이 있어요.
I'd like to talk to you.

105 그렇게 하고 싶지만 할 수가 없군요.
I want to, but I can't.

예정

> ### be going to ~ / will ~
>
> A: **What are you going to do this weekend?**
> 주말에는 뭐할 예정이에요?
>
> B: **I'm going camping.**
> 캠프 갈 거예요.
>
> A: **Where will you go for the summer?**
> 여름휴가는 어디에 갈 거예요?
>
> B: **I'll go to New York.**
> 뉴욕에 갈 거예요.

미래의 예정을 나타내는 동사에 be going to ~와 will ~ 등이 있습니다. be going to ~는 가까운 장래의 예정·계획·의지 등을 나타내고, will ~은 단순히 미래를 나타낼 때 씁니다.

- **I will be sixteen years old this winter.**
  올 겨울이면 16살이 된다.

- **I am going to be sixteen years old next week.**
  다음 주면 16살이 된다.

또한, 아래 문장은 This door is not going to open.과 같지만 will을 쓰면 '열려고 해도 열리지 않는다.'라는 뉘앙스가 포함되어 있습니다.

- **This door will not open.**
  문이 열리지 않는다.

KNOW THIS!

희망

> **I wish ~**
>
> - **I don't feel like going to work today.**
>   오늘 회사에 가고 싶지 않아.
> - **I wish it were a holiday!**
>   휴일이었으면 좋겠어!

대부분의 경우 wish는 과거의 사실과 반대 또는 실현 불가능한 일을 나타냅니다. I wish ~ 뒤의 명사절(예문에서는 "it were a holiday")은 가정법 과거형을 쓰고, 동사는 과거형으로 합니다. 단, be동사는 모두 were를 씁니다.

- **I wish I were a boy!**
  내가 남자라면 좋겠다!

꿈 〈가정법 과거〉

> **If I were ~**
>
> - **I would like to work as a professional model, if I were taller.**
>   키가 크다면 프로 모델이 되고 싶어요.

현재의 사실을 기준으로 실현 가능성이 적거나, 거의 이룰 수 없는 꿈을 나타낼 때는 '가정법 과거'를 씁니다. 위의 예문에서는 실제로는 키가 크지 않아서 모델이 될 수 없다는 것을 말하고 있는 것입니다.

- **If I traveled in space, what would it be like?**
  우주여행을 한다면 어떤 모습일까?

대화를 들어볼까요?

→ 민호와 잭이 휴가 계획을 세우고 있다.

Jack : So, Minho, are you going anywhere for the vacation?

Minho : Yes, I'm going back to my hometown for about a month. I want to spend the vacation with my family.

Jack : That sounds great*. Will you be there until the end of the vacation?

Minho : No, I'm going to visit friends in Busan. How about you, Jack? Are you going to the U.S.?

Jack : No, I'm going to stay in Korea. I'm going to summer school for classical Korean songs. I'd like to learn the essence* of Pansori.

Minho : Ah yes, you always said you would like to learn it.

Jack : Yes, I'd like to be a world-class* Pansori master*.

Minho : Yes, you can do it. Your dream will come true*.

That sounds great. 좋아요. (구어에서는 Sounds great.라고 생략해서 쓰는 경우가 많다.)
essence 진수　**world-class** 세계적인, 세계에 영향을 미치는
master 명인, 달인　**dream comes true** 꿈이 실현되다

DIALOGUE

잭 : 민호, 휴가에 어디 갈 거예요?

민호 : 예, 1달 정도 고향에 가 있을 거예요. 휴가는 가족과 함께 보내고 싶어요.

잭 : 좋겠군요. 그럼 휴가 내내 고향에 있을 거예요?

민호 : 아니, 부산에 있는 친구 집에 갈 계획이에요. 잭, 당신은 어때요? 미국에 갈 거예요?

잭 : 아니, 한국에 남아 있을 거예요. 한국의 고전가요 섬머 스쿨을 듣고 판소리의 정수를 배우고 싶어요.

민호 : 당신은 늘 그것을 배우고 싶다고 했었죠.

잭 : 예, 세계적인 판소리 대가가 되고 싶어요.

민호 : 당신이라면 할 수 있어요. 꿈을 이룰 수 있을 거예요.

잭은 멋진 꿈을 가지고 있는 것 같습니다. 여러분은 어때요? 영어를 사용해서 세계 구석구석을 다니고 싶지 않아요?

빈칸을 채워보세요

→ 대학생인 당신과 친구가 꿈에 관해 이야기하고 있다.

1. 당신은 어릴 때 가수가 되고 싶었다.

   친구 : **What did you want to be when you were a little girl?**
   어렸을 때는 무엇이 되고 싶었니?

   당신 : **I used to want to be a singer.**
   가수가 되고 싶었어.

   I ① _____ I could sing better!
   노래를 더 잘 부를 수 있으면 좋겠어!

2. 친구는 졸업 후 유학 계획을 세우고 있다. 장래 학교 선생이 되고 싶은 것 같다.

   당신 : **What are you going to do after you graduate from the university?**
   대학을 졸업하면 무얼 할 거야?

   친구 : **I ② _____ go abroad to learn English more.**
   유학 가서 영어를 더 공부할 거야.

   I really want to become a teacher and teach children.
   선생이 되어 아이들을 가르치고 싶어.

3. 친구에게 소개해 주고 싶은 사람이 있다. 시간이 있는지 물어보자.

   당신 : **What are you doing on next weekend?**

EXERCISE

다음 주말에는 뭐할 거니?

I have the friend coming back from the States who is studying English. Why don't you join us?

사실은 미국에서 영어를 공부하고 있는 친구가 귀국해. 만나지 않겠니?

친구 : **That's very kind of you, but I have another plan.**

고마워. 그런데 다른 계획이 있어.

I am ③_____ attend a special seminar on English literature.

영문학 특별 세미나에 참가해야 해.

COLUMN

★ 상대를 격려하는 표현

Cheer up!	기운 내!
Come on!	힘내! / 어서!
Never say die!	포기하지 마.
Go (and) get it.	힘내!
Give it your best! / Do your best!	최선을 다해!
Go in and win!	힘내서 이겨라!
Stick to (win) it!	기운 내! 포기하지 마!
Hang in there!	기운 내!
Go for it!	힘내! / 어서! (이미 뭔가를 하고 있는 사람에게)
Knock them dead!	힘내! / 죽여주고 와! (뭔가를 하려는 사람에게)
That's the spirit!	그래 그거야!
Pull[Get] yourself together!	기운 내!
That's the way!	바로 그거야!

Answers

① **wish**　② **will** (미래의 예정은 will을 쓴다.)　③ **going to**

Unit 16

의견에 관한 표현

상대의 의견을 묻는 가장 기본적인 표현은 **What do you think of ~?**(~에 대해서 어떻게 생각하세요?)입니다. **What's your opinion?**(당신 의견은 뭐예요?)이라고 직접적으로 물어볼 수도 있습니다. 반대로 자신의 의견이나 견해를 말할 때는 먼저 **In my opinion, ….**(내 생각은, ….) 등으로 사람들을 집중시킨 다음 하고 싶은 말을 연결하면 됩니다. **That's it!**(바로 그겁니다!) 등의 표현으로 의견을 낸 사람을 격려해 주는 것도 좋겠죠?

I think you're quite right.

날마다 쓰는 베스트 기본문장 따라 읽기

Step 1 : 원어민 음성 무작정 듣기 **step 2** : 크게 소리내어 따라 읽기 **step 3** : 문장의 뜻 확인하며 다시 읽기 **step 4** : 혼자서 문장 읽어보기

106 질문이나 의견이 있나요?

Any questions or comments?

107 어떻게 생각하세요?

What do you think of it?

108 의견이 뭐죠?

What's your opinion?

109 제 생각을 말씀드리죠.

Let me say what I think.

110 제 의견을 말씀드리겠습니다.

I'd like to express my opinion.

111 당신이 옳은 것 같군요.

I think you're quite right.

112 이 일에 관해 다른 의견이 있습니까?

Do you have anything to say about this?

이것만은 꼭 알아두자!

의견을 말할 때

> **I think ~.**
>
> A: **What do you think of this new item?**
> 이 신상품 어떻게 생각해요?
>
> B: **I think it will sell very well.**
> 잘 팔릴 것 같습니다.

자신의 의견을 말할 때의 표현으로 I think ~. 외에도 여러 가지가 있습니다. 주장의 강약이나 확신 정도에 따라 알맞은 표현을 사용할 필요가 있습니다.

(1) 추측의 뉘앙스를 많이 포함한 표현 〈조심스럽게 말하는 표현〉

- **I guess he will come.**   그가 올 거라고 생각해요.
- **I suppose you are right.**   당신이 옳다고 생각해요.
- **It seems to me that she is going to get promoted.**   그녀가 승진할 것 같아요.

I think ~.보다 추측의 뉘앙스가 강합니다. suppose도 추정하면서 자신의 의견을 말하는 표현으로 '~라고 가정하다'라는 의미로도 쓸 수 있습니다.

- **Suppose you finish your work at six. What time can you be there?**
  일이 6시에 끝난다고 가정하면 몇 시에 거기에 갈 수 있습니까?
- **Let us suppose that the news is true.**
  그 뉴스가 사실이라고 가정하자.

(2) 확신의 뉘앙스가 강한 표현 〈강하게 주장하는 표현〉

- **I bet they are going to win the game.**   그들은 시합에서 반드시 이깁니다.
- **I believe she will come on time.**   그녀는 정시에 옵니다.
- **I'm sure you are right.**   틀림없이 당신이 옳습니다.

I think ~.보다 확신의 뉘앙스가 강하며, I bet ~.은 다소 격의 없는 표현입니다.

KNOW THIS!

(3) '개인적인 의견'이라는 뉘앙스를 포함한 표현

- **As far as I know, the meeting is postponed to Friday.**
  내가 아는 한, 회의는 금요일로 연기됩니다.
- **If I am correct, there will be no examination until just before the summer vacation.**
  내가 맞는다면 방학 직전까지 시험은 없을 겁니다.

이외에도 It seems to me that ~. '나는 ~라고 생각한다.'나 From my personal point of view ~. '개인적인 견해로는 ~.'/ I would say ~. '굳이 말한다면 ~.' 등도 개인적인 의견을 말하는 표현입니다.

자신의 입장을 확실히 할 때

What I'm trying to say[tell] is ~.

A: **Are you trying to say we are wrong?**
우리가 틀렸다는 겁니까?

B: **No. What I mean is we should listen to others at least.**
아니에요. 내가 말하고 싶은 것은 다른 사람의 의견도 들어야 한다는 겁니다.

내용의 전달이 확실치 않아서 상대에게 오해를 줄 것 같은 경우나 자신의 주장의 취지를 정리하고 싶을 때 쓰는 표현입니다. 비슷한 표현으로 What I'm trying to say[tell] is ~. '내가 말하려고 하는 것은 ~.' 또는 My point is ~. '요점은 ~.' 이 있습니다. 몇 가지 다른 표현도 알아 둡시다.

- **What I mean is ~.** 내가 의미하는 것은 ~.
- **What I'm trying to get you to understand is ~.** 이해를 부탁하는 것은 ~.
- **What I'm trying to communicate to you is ~.** 내가 전하고 싶은 것은 ~.

또한 간단히 '그런 뜻이 아니다.'는 I didn't mean that. 이라고 하면 됩니다.

이것만은 꼭 알아두자!

논점을 명확히 할 때

The point is ~.

- **The point is, either you or I have to go.**
  요점은, 나나 당신이 가야 한다는 겁니다.

- **How many hours you can spend for this job is what matters.**
  이 일에 몇 시간이 드는가가 제일 중요한 겁니다.

말이 길어지면 핵심을 모를 수가 있습니다. 말하는 사람은 논점을 명확히 하고 무엇이 가장 중요한지를 알려 줄 필요가 있습니다.

이런 경우, 이 The point is ~. '핵심은 ~.' 또는 The important thing is ~. '중요한 것은 ~.' 등의 표현을 씁니다.

양해를 구하며 의견을 말할 때

I may be wrong, but ~.

〈상대의 의견에 대해 자신의 (반대) 의견을 말할 때〉

- **I may be wrong, but the show starts at eight o'clock, not at seven.**
  내가 틀릴 지도 모르지만, 쇼는 7시가 아니라 8시에 시작해요.

- **I'm sorry that I have to say this, but none of us will be there tomorrow.**
  이런 것을 말해서 미안하지만, 내일은 아무도 거기에 갈 수 없어요.

〈의견을 보충할 때〉

- **May I add something to what you said?**
  당신의 의견에 보충을 해도 됩니까?

KNOW THIS!

- **I'd like to say something about what you have just said.**
  당신이 방금 말한 것에 대해 말하고 싶은 것이 있습니다.

한국인의 대화가 딱딱한 느낌을 주는 이유 중의 하나가 양해를 구하지 않고 대화를 한다는 점이라고 합니다.

위의 예 외에 자신의 의견을 조심스럽게 말하는 표현을 공부해봅시다.

- **If I am correct ~.** 내가 만일 옳다면 ~.
- **If I understand you correctly ~.** 만일 당신의 말을 바르게 이해했다면 ~.
- **Before I forget ~.** 잊기 전에 말해 두면 ~.

결론을 말할 때

In conclusion ~.

- **In conclusion, I would like you to provide me more information on this matter.**
  결론을 말하면 이 문제에 관해서 정보를 더 제공받고 싶다는 것입니다.
- **To sum it up, I would say that his new novel is disappointing.**
  요약하면, 그의 신작 소설은 실망스럽습니다.

'결론으로는 ~.'이라는 표현에는 In conclusion ~. 외에 To conclude ~.가 있습니다.

sum은 '요점을 개괄하다'라는 의미가 있어서 '요약하면 ~'이라는 표현으로 쓰입니다.

대화를 들어볼까요?

 미라가 거리에서 외국 TV 방송기자와 인터뷰를 하고 있다.

Interviewer : Excuse me, but may I ask you a few questions?

Mira : Certainly.

Interviewer : We're conducting a survey* on smoking in Korea. Do you smoke?

Mira : No, I don't.

Interviewer : What do you think of smoking?

Mira : I think it's bad for your health. There is also the issue of "passive* smoking," which is something I think all smokers should be aware of*.

Interviewer : It seems that lots of people have no qualms about smoking* in public in Korea. What do you think about that?

Mira : Well, … I'd just like to say one thing. I was walking down the street the other day, and the man ahead of me flicked* his cigarette and the ash burned my clothes!

survey 조사 **passive** 수동의, 수동태의 **be aware of** 알아차리다, 알다
have qualms about[in] doing ~하는 것에 가책을 느끼다 **flick** 가볍게 대다, 톡 치다

✓ 1 2 3 **DIALOGUE**

Interviewer : **That could have been dangerous.**

Mira : **It sure could. I really think smokers shouldn't smoke in crowded streets or stations. I'm sure they can survive 30 minutes without a cigarette.**

Interviewer : **Thank you very much for your time.**

리포터 : 실례지만, 몇 가지 질문을 해도 되겠습니까?
미라 : 예.
리포터 : 한국의 흡연에 대해 조사하고 있습니다만, 담배를 피우십니까?
미라 : 피우지 않습니다.
리포터 : 흡연에 관해 어떻게 생각하십니까?
미라 : 건강에 좋지 않다고 생각합니다. 그리고 간접흡연의 문제가 있는데 거기에 관해서는 모든 흡연자가 알아 두어야 한다고 생각합니다.
리포터 : 한국에서는 공공장소에서 당당하게 담배를 피우는 사람이 많은 것 같습니다만, 어떻습니까?
미라 : 예, 한마디 하고 싶습니다. 얼마 전에 거리를 걷고 있는데 제 바로 앞에 가고 있는 남자가 담배를 털어서 그 재가 제 옷을 태웠어요.
리포터 : 위험했겠군요.
미라 : 그랬어요. 혼잡한 거리라든가 역에서는 담배를 피우지 않았으면 해요. 담배를 피우지 않으면 30분은 더 살 수 있을 거예요.
리포터 : 시간을 내 주셔서 감사합니다.

요즘 각종 시험과 면접에 인터뷰를 많이 하는데요. 가장 중요한 건 **point**를 놓치지 않고 자기의 소견을 짧더라도 정확하게 표현하는 것이라는 걸 기억하세요.

빈칸을 채워보세요

→ 당신은 친구와 영화를 보러 갈 예정이다.

1 볼만한 영화를 골라보자.

당신 : **Let's go for a movie.**
영화를 보러 가자.

I know a good movie is starting on this weekend.
이번 주말에 좋은 영화가 시작할 거야.

친구 : **Well, if it is a romantic story, ① _____ I would go with you.**
좋아, 로맨틱한 것이라면 가고 싶어.

2 당신은 액션영화를 좋아하는데 친구는 별로 내키지 않는 것 같다.

당신 : **Actually, the movie I want to go is one of the Jackie's.**
사실, 보고 싶은 영화는 재키의 작품이야.

친구 : **Jackie the macho guy?**
재키 그 남성적인 사람?

It ② _____ to me that his movie is nothing but booms.
그의 영화는 시끄럽기만 한 것 같애.

당신 : **Usually, but not this one.**
그렇지만, 이번은 달라.

EXERCISE

3 당신은 틀림없이 재미있다고 주장한다.

당신 : **The movie is half romance and half action so that both of us can enjoy.**

로맨틱한 것과 액션이 반반이어서 틀림없이 재미있을 거야.

I ③_____ you will never get disappointed.

보고 실망하지 않을 거라는 걸 자신해.

친구 : **How can you be so sure?**

어떻게 그렇게 확신할 수 있지?

COLUMN

자신의 의견을 말할 때는 가능하면 주어로 I를 사용하는 것이 영미인에게는 성실하고 성의가 있다고 받아들여집니다. **someone** 또는 **they**를 주어로 하지 않도록 주의합시다.

서양인들은 말을 할 때 **unclear** 하게 하는 것을 싫어합니다.

- I think it's good. (○)
- They said it was good. (×)
- I heard someone say it was good. (×)

Answers

① **I think** (이 경우 "I think I would go with you."는 약간 거드름을 피우는 말투로 들린다)
② **seems** ③ **bet / am sure**

Unit 17

문제 대처에 관한 표현

살아가면서 맞닥뜨리게 되는 크고 작은 문제들을 해결하는 표현은 어떤 것들이 있을까요? 위험을 경고할 때는 **Watch out!**(조심해요!), 위험한 행동을 막을 때는 **That's not nice.**(그러면 안 돼요.), 꾸짖을 때는 **You'll never do that again.** (다시는 절대 그러지 마세요.), 타이를 때는 **Can't you think of it differently?** (달리 한 번 생각해 봐요.), 변명하는 사람에게는 **Stop making excuses.** (변명하지 마세요.)라고 따끔하게 일갈!

날마다 쓰는 베스트 기본문장 따라 읽기

Step 1 : 원어민 음성 무작정 듣기 > **step 2** : 크게 소리내어 따라 읽기 > **step 3** : 문장의 뜻 확인 하며 다시 읽기 > **step 4** : 혼자서 문장 읽어보기

113　지금 가는 게 좋겠어요.

You'd better go now.

114　오해는 하지 마세요.

Please do not get me wrong.

115　포기하지 맙시다.

We'd better not give it up.

116　혼자 힘으로 해보는 것이 낫겠어요.

You'll do well to try it by yourself.

117　그렇게 생각해서는 안되요!

You can't think like that.

118　그만두는 게 좋을 것 같아요.

I don't think you ought to.

119　고마워요, 그 점 명심할게요.

Thanks, I'll keep that in mind.

이것만은 꼭 알아두자!

거스름돈이 부족할 때

> ### I think I was short-changed.

〈상점에서 블라우스를 산다〉

Clerk : **It's $18.50 including tax.**
세금 포함 18달러 50센트입니다.

A : **Out of $50, please.**
50달러입니다.

Clerk : **Here is your change.**
거스름돈입니다.

A : **Excuse me, but the amount is not right.**
실례지만, 금액이 맞지 않습니다.

Clerk : **You mean short-changed?**
거스름돈이 부족하다는 말입니까?

A : **I'm afraid so, but could you count it again?**
그런 것 같은데 다시 한 번 세어 주십시오.

거스름돈(change)이 적은(short-change) 경우는 종종 일어나는 일입니다. '거스름돈이 틀리다, 부족하다'라는 표현을 알아둡시다.

- **I didn't receive the right change.**
  거스름돈이 틀립니다.

- **I think I was short-changed.**
  거스름돈이 부족한 것 같습니다.

KNOW THIS!

또한 거스름돈을 확인하는 표현도 알아둡시다.

A : **Here is your change. Please examine.**
거스름돈입니다. 확인해 주십시오.

B : **The amount is not correct. I gave you 10,000 won and it makes 3,000 won change.**
금액이 틀려요. 만원을 냈으니까 거스름돈은 3,000원이지요.

I got only 2,000 won here.
2,000원 밖에 받지 않았어요.

환불, 반품[물건의 파손]할 때

Can I return this ~?

A : **Can I return this perfume?**
이 향수를 반품하고 싶습니다.

Clerk : **Is anything wrong with it?**
어디가 잘못 됐습니까?

A : **The bottle is cracked.**
병에 금이 갔어요.

Clerk : **Do you have the receipt?**
영수증은 가지고 있습니까?

A : **Yes, I paid with a credit card, but could I have a refund?**
예. 카드로 지불했습니다만, 환불이 가능합니까?

Clerk : **We can't refund money, but we can exchange goods.**
환불을 해드릴 수 없습니다만, 다른 물건으로 바꿔 드릴 수는 있습니다.

A : **Please exchange it for another one, then.**
그러면, 다른 것으로 바꿔 주십시오.

이것만은 꼭 알아두자!

물건의 불량을 말하는 표현은 여러 가지가 있습니다. 대표적인 것을 들어봅시다.

- **This was broken when I took it out of the box.**
  상자에서 꺼내니까 깨져 있었다.

- **It's cracked and dented.**
  금이 가고 오그라져 있다.

- **I found a stain here.**
  여기에 흠이 있다.

환불을 요구할 경우에는 refund를 써서 have[get] a refund나 give me a refund 라고 합니다.

'교환하다'는 exchange나 change를 쓰며, 주의할 점은 exchange는 자동사, 타동사 모두 '교환하다'라는 의미이지만, change는 타동사일 경우에만 '교환하다'라는 의미가 된다는 것입니다.

고장과 수리를 말할 때

> **~ doesn't work.**

〈호텔에서〉

A : **Hello, is this the front desk?**
여보세요. 프런트입니까?

Clerk : **Yes, speaking.**
예.

A : **Something is wrong with the shower.**
샤워기가 이상합니다.

There is no hot water. Besides the bath plug is broken.
더운 물이 나오지 않아요. 그리고 욕조 마개도 망가져 있어요.

KNOW THIS!

Clerk : **I'll send someone up right away.**
곧 누군가를 올려 보내겠습니다.

A : **And another thing! The toilet doesn't flush. Could you give me a different room?**
또 있어요. 화장실 물이 내려가지 않습니다. 방을 바꿔 주십시오.

Clerk : **Sure. I'll get you a suite.**
예. 스위트를 준비하겠습니다.

물건이 고장 나서 작동되지 않을 때는 **work**(기능하다, 작동하다)를 씁니다.

- **The air-conditioner doesn't work.**
  에어컨이 고장이다.

- **The TV doesn't work.**
  TV가 고장이다.

또한 '이상이 있다'는 Something is wrong with ~.라는 표현을 씁니다.

- **Something is wrong with the dryer.**
  드라이어에 이상이 있다.

- **Something is wrong with the toilet.**
  화장실에 이상이 있다.

이에 대해서 '파손, 파괴'되어 물리적으로 망가진 경우에는 **break**를 사용합니다. 사람을 불러 고치는 경우에는 **send**를 씁니다.

- **Could you send someone up right now?**
  즉시 누군가를 보내 주십시오.

- **Could you send someone to fix it?**
  수리공을 불러 주십시오.

153

이것만은 꼭 알아두자!

책임 추궁할 때

You have a responsibility to ~.

Reception : **Welcome. May I help you?**
안녕하세요. 어서 오십시오.

A : **I have a reservation for two nights. My name is Kim Sunhee.**
2박을 예약했습니다. 이름은 김선희입니다.

Reception : **I'm sorry, but I can't find your name.**
죄송하지만, 이름을 찾을 수 없습니다.

A : **You must be kidding. Please check it again.**
그럴 리 없어요. 다시 확인해 주십시오.

Reception : **I'm sorry. there is no record of your name.**
죄송하지만, 역시 이름은 기재되어 있지 않습니다.

A : **I made a reservation for sure. Here is the confirmation slip.**
틀림없이 예약했어요. 확인서가 여기 있어요.

Reception : **I wish I could help you. But we are all booked up tonight.**
도와 드렸으면 좋겠는데, 오늘밤은 방이 없습니다.

A : **Do you have any rooms available, anyway?**
어떻게든 이용할 수 있는 방은 없습니까?

You have a responsibility for it.
당신들의 과실이니까 책임지세요.

'그럴 리 없어요. / 농담마세요.'는 You must be kidding. / No kidding. / There is no joke. 등의 표현을 씁니다.

KNOW THIS!

문제에 대해 상대에게 책임이 있다고 주장하는 표현에는 **You have a responsibility to ~.** (It is your responsibility to ~.)가 있습니다. 상대의 잘못을 명확히 할 경우에는 다음과 같이 말합니다.

- **It's your fault.** 그쪽 잘못입니다.

대화를 들어볼까요?

→ 민호가 서울로 돌아오기 위해 미국 공항에서 체크인을 하려 한다. 그러나 예약이 안 되어 있다고 한다.

Clerk : Your ticket and passport, please.

Minho : Here you go.

Clerk : I'm sorry, sir, but I can't find your name on the list here. Did you confirm your reservation?

Minho : Of course I did. I called the reservation office in the city last week to confirm.

Clerk : There must be something wrong with our computer system.
I'll arrange a seat for you right now …. Oh, it's fully booked*.

Minho : What? There are no more seats?

Clerk : I'm very sorry. Could you wait a moment?
I'll see what I can do.

Minho : I really have to take this flight.
I have to get back to Seoul on time, or I'll lose my job.

booked 예약이 끝난 **relief** (고난, 위기, 걱정 등의) 경감, 안심

DIALOGUE

What will you do about that?

Clerk : Here's one! We just had a cancellation in business class. I'll put you there.

Minho : Great! What a relief*!

Clerk : So, may I take your luggage, please?

직원 : 항공권과 여권을 주십시오.
민호 : 여기 있습니다.
직원 : 죄송하지만, 명단에 이름이 없습니다. 예약확인은 했습니까?
민호 : 물론이에요. 지난 주 시내의 예약 사무소에 전화해서 예약을 확인했어요.
직원 : 틀림없이 우리 컴퓨터 시스템이 잘못된 것 같습니다. 지금 좌석을 준비하겠습니다 …. 아, 만석이군요.
민호 : 뭐라고요? 좌석이 없어요?
직원 : 죄송합니다만 잠깐 기다려주시겠습니까? 어떻게 해 볼 테니까요.
민호 : 시간대로 서울에 돌아가려면 어떻게든 이 비행기를 타야 해요. 그렇지 못하면 직장을 잃어요. 그렇게 되면 어떻게 하겠어요?
직원 : 있어요! 마침 비즈니스 클래스에 예약 취소가 나와서 그쪽 좌석을 준비하겠습니다.
민호 : 좋아요! 살았군요!
직원 : 그럼, 짐은 이쪽으로 주세요.

Tip

위와 같은 상황이 된다면 눈앞이 아찔하겠죠? 해결되어 정말 다행이네요. 다행이라는 구어 표현은 **What a relief**! / **It's a relief**! / **I'm relieved** (to hear that)! / **Glad it was all**. 등이 있습니다.

빈칸을 채워보세요

→ 호텔에서 여러 가지 문제가 일어났다. 자신의 주장을 말해보자.

1 더운 물이 나오지 않는다.

당신 : Hello, Front Desk? This is Ms. Lee of Room 333.
프론트입니까? 333호실의 이입니다.

The shower wouldn't run hot water.

[①] to fix?

샤워에서 더운 물이 나오지 않아요. 고쳐 주시겠습니까?

프론트 : Certainly, ma'am.
알겠습니다.

2 룸서비스가 오지 않는다.

당신 : I asked for toast and orange juice half an hour ago but my order still hasn't arrived.
토스트와 오렌지 주스를 30분 전에 부탁했는데 아직 오지 않았어요.

룸서비스 : I'm sorry, ma'am, but could you please wait for another 10 minutes?
죄송하지만, 10분 더 기다려 주십시오.

당신 : No. [②] .
아뇨. 주문을 취소해 주십시오.

3 모닝콜이 울리지 않았다.

당신 : Yesterday, I requested a wake-up call for seven.
어제 모닝콜을 7시에 부탁했습니다.

But I didn't receive the call and, as a result, I was late for an important meeting.

EXERCISE

그런데 콜이 울리지 않아서 중요한 회의에 지각했습니다.

프론트 : **I'm sorry, ma'am, but our record shows that our staff definitely made a call to you at seven this morning.**

죄송합니다, 부인. 그런데 저희 기록에는 정확히 오늘 아침 7시에 모닝 콜을 했습니다.

당신 : **I'm sure that I didn't receive any call.**

확실히 콜을 받지 못했어요.

Anyway, could you please make sure anything like this ③   ?

어쨌든 두 번 다시 이런 일이 없도록 해 주십시오.

COLUMN

★ 여성과 성

여성의 사회진출이 두드러진 요즘 미국에서는 결혼 후에도 결혼 전의 성을 쓰거나 결혼 전의 성과 남편의 성을 하이픈으로 연결해서 쓰는 여성이 많다. 예를 들면 Jim White 씨와 결혼한 Betty Jones 양이 결혼 후 Jones-White 성을 가지는 것이다. 미국에서 최초로 여성 부통령 후보가 된 페라로 씨도 기혼이면서 결혼 전의 성을 그대로 썼다. 이런 부부를 부를 때 그만큼 배려가 필요하다.

이름을 쓰는 경우에도 종래와 같이 Mr. and Mrs. White(화이트 씨 부부)가 아니라 Betty Jones and Jim White로 써야 한다. 또한 이런 부부의 대부분은 아이들에게도 하이픈으로 연결한 긴 성을 붙인다.

Answers
① **Could you send someone**   ② **Please cancel the order**
③ **doesn't happen in the future**

Unit 18

학습일

맞장구에 관한 표현

대화를 할 때 맞장구를 잘 치는 친구가 있으면 말이 술술 나오고 기분이 좋아지죠. 상대의 말을 잘 듣는 것도 중요하지만 호흡을 맞추면서 적절하게 맞장구를 쳐주는 것도 무척 중요합니다. 그렇다고 늘 **That's right.**(맞습니다.) / **Sure.**(물론이죠.) 등으로 긍정적인 맞장구만 칠 건 아니예요. 부정하고 싶은 때는 **I don't think so.**(나는 그렇게 생각하지 않아요.) / **It's not true.**(그건 사실이 아닙니다.) 등으로 표현해야 하지요. 건성으로 맞장구를 치는 게 아니어야 진짜 생동감 있는 대화가 된답니다.

날마다 쓰는 베스트 기본문장 따라 읽기

Step 1: 원어민 음성 무작정 듣기 > **step 2**: 크게 소리내어 따라 읽기 > **step 3**: 문장의 뜻 확인하며 다시 읽기 > **step 4**: 혼자서 문장 읽어보기

120 그랬어? 어땠어?

Did you? What was it like?

121 그래요? 가보고 싶군요.

Oh, are we? I'd love to visit it.

122 그렇습니까? 고마워요.

Oh, is there? Thanks.

123 그래요? 안됐군요.

Have you? That's too bad.

124 그래요, 정말이에요?

Are they, really?

125 저도 그렇게 생각해요.

I think so, too.

126 그렇게 생각할 수도 있겠네요.

That's one way of putting it.

머리에 쏙쏙! 이것만은 꼭 알아두자!

맞장구

Right. / All right. / Uh-huh.

A : **I've got something to tell you.**
말할 게 있어요.

B : **Is it good news or something?**
무슨 좋은 소식 있어요?

A : **Well, listen. I told you I saw this fabulous looking lady in a train the other day, right?**
내가 열차안에서 언젠가 멋진 여자를 봤다고 했죠?

B : **Right.**
그래요.

A : **I met her this morning again.**
오늘 아침에 또 만났어요.

B : **Uh-huh. Go on?**
그래요. 그래서요?

A : **That's it.**
그것뿐이에요.

B : **Well, what's the point of your story, then?**
그럼 말하는 이야기의 핵심이 뭐죠?

맞장구는 '(상대의 이야기를) 잘 듣고 있어요.'라는 의사표시입니다. Right. / All right. / Uh-huh. 등은 찬성·반대와 관련 없는 맞장구입니다.

우리말로 하면 '그래 / 맞아 / 음' 등에 해당하는 것입니다. Uh-huh!는 격의 없는 회화에 이용되고 말끝을 올려서 발음합니다. 말끝을 내려서 발음하면 '동의하지 않는다'라는 의미인 'Uh-huh'로 되어 버리므로 주의해야 합니다.

Go on.은 계속하라는 의미로 '그래서?'라고 말하기를 재촉하는 표현입니다. And then? / Then what? 등도 '그래서?'라는 의미로 사용됩니다.

KNOW THIS!

So what?이라는 표현도 있습니다. 이것은 '그래서 어떻게 됐어?'라는 의미이므로 주의해야 합니다.

멋지다!

Sounds great!

A: **I'm going to go to London on a business trip next week.**
다음 주에 런던으로 출장 갈 계획입니다.

B: **Sounds great! I'm sure it's gonna be a great experience for you.**
멋지겠군요! 틀림없이 좋은 경험이 될 거예요.

'멋지다!'라는 맞장구에는 이외에도 Wonderful! / Fantastic! / Fabulous! / Beautiful! / Excellent. / Nice! / Good! 등 많이 있습니다. Great!도 격의 없는 대화에서 많이 쓰이고 예문과 같이 Sounds great!이나 That[It] sounds great!으로 자주 씁니다.

이 sound는 귀로 정보를 들었을 때의 맞장구로 사용하며, 눈으로 본 경우에는 looks를 씁니다.

설마!

Unbelievable!

A: **Guess what? I won a hundred thousand dollars yesterday in the lotto.**
들어봐요. 복권에서 10만 달러에 당첨됐어요.

B: **You're kidding. As far as I know, you never won a dollar in horse racing.**
설마요. 경마에서 지금까지 한 번도 이긴 적이 없었잖아요.

이것만은 꼭 알아두자!

A : **I guess the Goddess of Luck finally helped me because I had been so miserable.**
내가 불쌍해 보였던지 행운의 여신이 도와준 것 같아요.

B : **What a lucky boy!**
운이 좋군요!

'설마!'라는 맞장구에는 이외에 Incredible! / Unbelievable! 등이 있습니다.

A : **Listen! I got A on English.**   들어봐요. 영어에서 A를 받았어요.
B : **Unbelievable!**   설마!
A : **Yes, indeed.**   나도 믿기지 않아요!

이외에 '농담이죠. 놀리지 말아요.'라는 뉘앙스가 강한 맞장구 표현으로는 Are you kidding? '농담이죠, 놀리지 말아요.' / No kidding? '농담이죠.' / Oh, rubbish. '어처구니 없군요.' / Give me a break. '그만해 줘.' 등이 있습니다.

정말이에요?

Really?

A : **You know what? Brad Pitt is coming to Korea next month.**
저 있잖아요. 브래드 피트가 다음 달 한국에 온다고 해요.

B : **You mean the famous actor? Really?**
그 유명한 배우를 말하는 거예요? 정말이에요?

A : **Yeah. I read an article this morning saying that he's visiting Korea for the campaign of his new film.**
그래요. 오늘 아침 신문에서 새 영화 홍보차 온다고 해요.

B : **Is that so?**
그래요?

KNOW THIS!

매우 놀랐을 때의 표현으로는 **My goodness!** / **My god!** / **Oh, boy!** / **Oh, dear!** / **Gee!** / **Oh, Christ!** 등이 있습니다.

전화에서의 맞장구

Yes. / Uh-huh. / Yeah.

A : **George here.**
조지입니다.

B : **Hi, it's me. I have something very, very important to tell you. George? Are you there?**
나야. 중요한 게 있어. 조지? 듣고 있니?

A : **Yeah, go on.**
그래. 그래서?

B : **Do you have time to have lunch with me today?**
오늘 점심 같이 할 시간 있어?

A : **Sure. Why not?**
그럼. 좋아.

B : **I can't hear you clearly, George.**
잘 들리지 않아.

A : **I said sure.**
좋다고 했어.

전화 회화의 맞장구도 기본적으로는 일반 회화와 같지만 빈번히 사용되는 표현이 있습니다. 우리말의 '응응, 그래그래' 등의 맞장구는 영어에서도 많이 쓰입니다.

영어에서는 Yes. / Uh-huh. / Yeah. 등을 자주 씁니다.

상대방이 말하고 있는 것을 들을 수 있을 때의 I can hear you. '잘 들립니다.', 들을 수 없을 경우의 I can't hear you. '들리지 않습니다.'는 전화 회화의 상용문구입니다.

대화를 들어볼까요?

→ 미라가 미국에 있는 남자친구에 관해 이야기하고 있다. 최근 전화가 없어서 불안하다.

Mira : I know he's very busy. He's tutoring* two students, each twice a week, and taking an English class himself twice a week.

Jack : He must be tied up almost every day.

Mira : Yes, but he used to call me twice a week, even when he came home late.
Recently he's only been calling every other week.

Jack : Sounds bad! You must be very lonely.

Mira : I am. I'm worried that he may stop calling me, sooner or later.

Jack : Hey, don't worry too much. You can call him if he doesn't call you.

Mira : That's what I'm trying to do. But it's hard to reach him. I always get his answering machine*.

Jack : That's too bad.

tutor 가정교사로 가르치다 **answering machine** 부재 시 응답전화 (전화를 받는 것은 answer the phone) **understanding** 이해가 빠른, 견식이 있는

166

✓ 1 2 3 **DIALOGUE**

Mira : Thanks, you're very understanding*.

I guess all I can do is keep trying.

Jack : Right. Hang in there.

Mira : Thanks, I'll try.

미라 : 그가 바쁘다는 건 알아요. 학생 2명을 주 2회씩 가르치고, 자신도 영어수업에 주 2회 다니니까요.

잭 : 거의 매일 바쁘겠군요.

미라 : 예. 그래도 전에는 늦게 돌아왔을 때도 주 2회는 전화해 주었어요. 요즘에는 2주일에 1번밖에 하지 않아요.

잭 : 안됐군요! 무척 외롭겠어요.

미라 : 그래요. 머지않아 전화가 없을 것이라고 생각하면 불안하고요.

잭 : 이봐요. 지나치게 생각하지 않는 게 좋아요. 전화가 없으면 당신이 전화를 하면 되니까요.

미라 : 그렇게 하고 있어요. 그런데 연결이 되지 않아요. 항상 부재 응답전화 소리만 들어요.

잭 : 안됐군요.

미라 : 고마워요. 이해해 주시는군요.
연결이 될 때까지 해봐야 할 것 같아요.

잭 : 맞아요. 노력해 보세요.

미라 : 고마워요. 해볼게요.

대화에서는 내가 말하는 것도 중요하지만 상대의 말에 적극적인 반응을 해주는 것도 중요하답니다. 특히 외국인들은 리액션(**reaction**)이 강해서 작은 일에도 크게 반응하는데요. 상대의 말에 귀를 기울이며 적절한 맞장구를 쳐주는 것도 일종의 매너랍니다.

빈칸을 채워보세요

→ 재미있는 TV프로를 보고 있는데 친구에게서 전화가 걸려 왔다.

1 거의 일에 대한 푸념이다. 친구니까 들어주자.

친구 : **I think I told you that there is a girl in my section who always talks about someone behind his or her back.**
우리 과에 험담만 일삼는 여자가 있다고 했었지.

당신 : ① _____ .
그래.

친구 : **She was talking about me today at the ladies' room.**
오늘은 화장실에서 내 이야기를 하고 있었어.

2 친구는 심한 험담을 듣고 화가 나 있는 것 같다.

친구 : **She said I talk about colleagues behind their backs!**
그녀는 내가 동료들을 험담한다고 말했어.

당신 : ② _____ **Did she really say such a thing?**
그래? 그런 말을 했어?

3 친구의 푸념이 계속되어 당신은 점점 TV 프로 쪽에 관심이 쏠렸다.

친구 : **And then, she also …. Hello, Are you there?**
그리고, 그녀는 또 …. 여보세요, 듣고 있니?

EXERCISE

당신 : ③ _____ , I am. Then she what?

응, 듣고 있어. 그래서?

친구 : **I'm really sorry for telling these things to you.**

이런 말을 해서 미안해.

But there is nobody else I can turn to.

그런데 이런 말을 할 사람이 너밖에 없어.

C|O|L|U|M|N

회화를 부드럽게 하기 위해서 적절하게 맞장구를 치면 좋습니다. 그러나 영어를 할 때 가장 어려운 것이 맞장구입니다. 타이밍이 좋지 않으면 어색한 분위기가 되기 때문입니다. 알맞은 맞장구는 회화를 생동감 있게 해줍니다. 묵묵히 가만히 있지 말고 다음 표현을 사용해봅시다. 쉽게 할 수 있는 방법으로 상대가 말한 문장의 주어와 동사를 이용하는 것이 있습니다.

A : I have been to Greece.	저는 그리스에 가본 적이 있어요.
B : Have you?	그래요?
A : I know his name.	제가 그의 이름을 알아요.
B : Do you?	그래요?
A : She is now in London.	그녀는 지금 런던에 있어요.
B : Is she?	그래요?
A : He will come soon.	그는 곧 올 겁니다.
B : Will he?	그래요?
A : They can't run fast.	그들은 빨리 달리지 못해요.
B : Can't they?	그래요?

Answers

① **Uh-huh / right** 등   ② **What! / Really?** 등   ③ **Yes**

Unit 19

빈도에 관한 표현

always, **usually**, **often**, **sometimes**, **seldom**, **rarely**, **never**, **occasionally**, **frequently**, **almost** 등 빈도를 나타내는 말은 정말 많습니다. 뜻이 아주 명확한 것이 대부분이지만 경우에 따라서 뜻이 조금 달라지는 것도 있고 단어 자체에 부정의 의미를 포함하고 있어서 헷갈리는 경우도 있지요. 단어를 잘못 써서 뜻하지 않은 오해를 일으킬 수도 있으니 여기에서 확실하게 정리해 봐요.

I will never forget you.

날마다 쓰는 베스트 기본문장 따라 읽기

Step 1 : 원어민 음성 무작정 듣기   **step 2** : 크게 소리내어 따라 읽기   **step 3** : 문장의 뜻 확인하며 다시 읽기   **step 4** : 혼자서 문장 읽어보기

127 항상 그렇지는 않아요.

It's not always so.

128 저는 보통 저녁에 TV를 봐요.

I usually watch TV in the evening.

129 우리는 주말에 자주 거기 가요.

We often go there on weekends.

130 가끔 놀러 오세요.

Come and see us sometimes.

131 우리는 오전 7시 이전에 만난 적이 거의 없어요.

We seldom met before 7 p.m.

132 난 절대 그런 말 한 적 없어요.

I have never said such a thing.

133 우리는 가끔 퇴근 후 한잔 하러 만나요.

We occasionally meet for a drink after work.

이것만은 꼭 알아두자!

절대로 아니다

never

- **I will never forget you.**
  결코 당신을 잊지 않겠다.

never는 단어 자체에 부정의 의미가 있고 '지금까지도 ~아니고, 앞으로도 ~아니다'라는 뉘앙스가 있습니다. 따라서 단기간의 행위를 말할 때는 never를 사용하는 것은 부자연스럽습니다. 이런 경우에는 not을 사용합니다.

- **I haven't heard from her recently.**
  요즘 그녀에게서 소식이 전혀 없다. (I've never heard from her recently.라고는 하지 않는다.)

거의 아니다

almost never / hardly (ever) / scarcely (ever)

- **He almost never complains.**
  그는 불평을 거의 하지 않는다.
  (지금까지 말한 적도 그다지 없고 이제부터도 그다지 하지 않을 것이다.)

- **My aunt hardly ever attends parties.**
  숙모는 파티에 거의 가지 않는다.

- **There is scarcely enough instant coffee left for one cup.**
  한 잔의 인스턴트커피도 남아 있지 않다.

never와 같이 hardly나 scarcely에도 단어 자체에 부정의 의미가 포함되어 있습니다. 그러므로 not을 사용해서 부정형으로 할 필요는 없습니다. 이 3가지는 모두 같은 의미이므로 첫 번째 예문의 almost never를 scarcely ever로 바꾸어도 나타내는 '빈도'는 변하지 않습니다.

KNOW THIS!

거의 ~하지 않다

rarely / seldom

- **He rarely goes to school.**
  그는 학교에 거의 가지 않는다.

- **I am seldom ill.[I am rarely ill.]**
  나는 병에 거의 걸리지 않는다.

rarely, seldom은 모두 부정의 의미가 있는 부사입니다. 또한, 서로 바꾸어 쓸 수 있습니다. seldom의 용법에는 다음과 같은 것도 있습니다.

- **She does not seldom walk to school.**
  그녀는 자주 걸어서 학교에 간다. (not seldom = often)

- **My brother seldom, if ever, reads the newspaper.**
  동생은 신문을 거의 읽지 않는다. (seldom, if ever는 '간혹 있다고는 해도 거의 ~하지 않는다'라는 의미)

때때로, 간혹

occasionally

- **My boyfriend occasionally writes to me.**
  남자친구가 간혹 편지를 보내옵니다.

명사 occasion은 원래 '(특수한) 경우'의 의미인데 '특별한 일이 일어나는 경우[때]'라는 의미로도 쓰입니다. 부사인 occasionally에도 물론 이런 뉘앙스가 있어서 '때때로, 이따금' 정도의 빈도를 나타냅니다.

또한, occasionally는 단어 자체에 부정의 의미가 포함되어 있지 않습니다.

때때로, 때로는

sometimes

- **I can sometimes jump over it.**
  그것을 넘어 뛸 때도 있다.

occasionally가 '때때로, 이따금'이라는 뉘앙스가 있는데 비해서 sometimes는 단순히 '~할 수도 있고, 하지 않을 수도 있다' 정도의 빈도를 나타냅니다.

또한 sometimes는 다음과 같은 용법도 있습니다.

- **Scholars sometimes lack common sense.**
  학자 중에는 상식이 없는 자도 있다.

자주

frequently / often

- **I frequently go to that restaurant for lunch.**
  나는 그 레스토랑에 자주 점심을 먹으러 간다.
- **I write to him very often.**
  나는 그에게 편지를 자주 쓴다.

frequently와 often은 서로 바꾸어 쓸 수 있고 모두 단어 자체에 부정의 의미는 없습니다. 복수형의 명사를 주어로 취해서 '~인 사람[사물, 것]도 많이 있다'도 될 수 있습니다.

- **Children frequently[often] dislike carrot.**
  아이들은 당근을 싫어하는 일이 많다.

KNOW THIS!

거의 항상

almost always

- **He almost always goes to church on Sundays.**
  그는 일요일은 거의 항상 교회에 간다.

almost는 '거의, 대체로'라는 의미이고 **about**으로 바꾸어 쓸 수 있습니다. 또한, **almost**를 부정 문장에 사용하면 **hardly**의 뉘앙스와 같게 됩니다.

- **He said almost nothing. / He said hardly anything.**
  그는 아무 말도 거의 하지 않았다.

이외에도 almost nobody = hardly anybody 또는 almost no money = hardly any money로 바꿀 수 있습니다.

보통

usually / normally / generally

- **They usually play baseball after school.**
  그들은 보통 방과 후에 야구를 한다.
- **Normally, cranes live in cold countries.**
  보통, 학은 추운 곳에 서식한다.
- **Generally, pitchers are not good batters.**
  일반적으로 투수는 타격이 좋지 않다.

이것만은 꼭 알아두자!

usually는 '보통'이라는 의미의 대표적인 부사입니다. normally는 '정상적인 상태에서는 보통', generally는 '세상에 일반적으로 널리 알려져 있는 바로는 보통'이라는 뉘앙스가 있습니다. 또한, usually나 generally는 복수형의 명사를 주어로 쓸 때 '대개 ~이다[한다]'라는 표현을 할 수도 있습니다.

- **Children usually[generally] like chocolate.**
  아이들은 보통 초콜릿을 좋아한다.

항상, 반드시

always / ever

- **He is always busy.**
  그는 항상 바쁘다.

always는 빈도 100%일 때 사용합니다. always의 사용 예를 들어봅시다.

(1) 진행형을 취해서 '항상 ~하고만 있다'

- **You are always asking for vacation.**
  당신은 항상 휴가만 요구하고 있다.

(2) 부정문에서 '항상 ~일 리는 없다'〈부분 부정〉

- **He is not always honest.**
  그는 항상 정직하지는 않다. (not은 약하게, always는 강하게 발음합니다.)

KNOW THIS!

(3) 복수형 명사를 취해서 '모두 ~이다[한다]'

- **Boys always want to play baseball after school.**
  남학생들은 모두 방과 후에 야구를 하고 싶어 한다.

대화를 들어볼까요?

→ 미라와 잭이 인기 있는 영화를 보고 돌아오는 길에 영화에 관하여 이야기하고 있다.

Jack : Darrantino is fabulous*! He never lets us down*.
I haven't had time to go to the movies for a while, but I didn't want to miss the new Darrantino movie.

Mira : I really liked Juliette Lynch.
She's not stunning*, but she's cute.

Jack : She's been in a lot of movies recently, especially Darrantino's films.

Mira : Is that so? Does she always play a role like the one we just saw?

Jack : Not really. Actually she plays quite different roles in different movies.
In one movie, she was a vampire.

Mira : I can't imagine her as a vampire!

Jack : Hey, there's a savage side to all of us. Maybe even to you.

fabulous 멋진, 훌륭한 **let ~ down** ~을 실망시키다, ~의 기대를 저버리다
stunning 기절시키는, 깜짝 놀라게 하는

DIALOGUE

Mira : **Oh? Do you speak from experience?**

Jack : **I'll leave that to your imagination.**

잭 : 다란티노는 멋진 감독이에요. 절대 기대를 저버리지 않아요. 잠시 영화를 보러 갈 시간이 없었지만, 그의 영화만은 놓치고 싶지 않았어요.

미라 : 줄리엣 린치를 정말 좋아했어요. 멋지진 않지만, 매우 귀엽죠.

잭 : 최근 자주 영화에 나오죠. 특히 다란티노의 작품에.

미라 : 그래요? 항상 방금 보았던 영화에서와 같은 역할만 하죠?

잭 : 그렇지 않아요. 사실 영화 마다 역할도 달라요. 요사이에는 흡혈귀 역할을 했어요.

미라 : 그녀가 흡혈귀 같은 역할을 하다니 상상할 수 없어요!

잭 : 이봐요, 인간은 모두 흉폭성이 있어요. 미라 당신도요 ….

미라 : 그래요? 그런 경험을 한 적이 있어요?

잭 : 상상에 맡기겠어요.

문장에서 빈도부사의 위치, 다들 기억하고 계시죠?
※ 긍정일 때: **be**동사 뒤, 조동사 뒤, 일반 동사 앞
※ 부정일 때: **not** 뒤에 위치한다. 꼭 암기하셔야 합니다.

빈칸을 채워보세요

→ 당신은 친구와 남자친구들에 대해 이야기하고 있다.

당신 : **Do you mind if I ask you a question?**
질문 하나 해도 될까?

친구 : **Not at all. Go ahead.**
그래 해봐.

당신 : **How often do you speak to your boyfriend on the phone?**
남자친구와 자주 전화하니?

친구 : **A couple of times a week.**
주 2~3회야.

Not ⓛ _____ **, I guess.**
그렇게 많지는 않은 것 같구나.

당신 : **Who calls first, he or you?**
누가 먼저 전화하니? 너 아니면 그?

친구 : **Well, let me see …** ② _____ **he calls me. Why?**
저 …. 대개 그가 전화를 하곤 해. 왜?

당신 : **My boyfriend** ③ _____ **calls me.**
내 남자친구는 결코 먼저 전화하지 않아.

I'm the one who ④ _____ **calls first.**
항상 먼저 거는 쪽은 나야.

친구 : **Doesn't your boyfriend like telephone calls, does he?**
그는 전화거는 것을 싫어하는 것 아니니?

당신 : **Yeah.** ⑤ _____ **I think that he never cares if I call or not.**

EXERCISE

그래. 전화를 걸든 걸지 않든 별로 신경을 쓰지 않는 것 같아.

친구 : **Come on, you think too much.**
이봐, 너무 깊게 생각하는구나.

C|O|L|U|M|N

★ 빈도부사

어떠한 행동이나 일의 횟수를 나타내는 부사를 빈도부사라고 하는데 일반동사의 앞이나 be동사, 조동사 뒤에 옵니다.

- 100%　　　always　　　I am always happy. 나는 항상 행복하다.
- 90–99%　　usually　　　I usually stay home. 나는 보통 집에 있다.
- 75–90%　　often　　　　I often visit him. 나는 그를 자주 방문한다.
- 25–75%　　sometimes　 I walk to school sometimes.
　　　　　　　　　　　　나는 가끔은 걸어서 학교에 간다.
- 10–25%　　seldom　　　He very seldom eats breakfast.
　　　　　　　　　　　　그는 아침 식사를 좀처럼 하지 않는다.
- 1–10%　　 rarely　　　　He rarely or never laughs.
　　　　　　　　　　　　그는 좀처럼 웃지 않는다.
- 0%　　　　 never　　　　I will never forget it. 그것은 결코 잊지 않을 거다.

빈도를 나타내는 표현에는 다음과 같은 것들도 있습니다.

- **once a day** 하루에 한 번
- **twice a week** 일주일에 두 번
- **three times a month** 한 달에 세 번
- **four times a year** 일 년에 네 번
- **I eat out three times a month.** 나는 한 달에 세 번 외식을 한다.

빈도를 묻는 질문은 How often do you ~?입니다.

(ex.) How often do you clean your teeth? 얼마나 자주 이를 닦니?
- How often do you go fishing? 얼마나 자주 낚시하러 가니?
- How often do you play tennis? 얼마나 자주 테니스를 치니?

Answers
① **too often**　② **Usually**　③ **never**　④ **always**　⑤ **Sometimes**

학습일

Unit 20

상태 · 정도에 관한 표현

상태나 정도를 나타내는 표현 역시 너무나 다양해서 한꺼번에 확 몰아서 배울 수는 없으니 여기에서는 일이 일어날 수 있는 정도[가능성]로만 한정해서 배우기로 해요. '정도'를 나타내는 부사에는 **probably**, **possibly**, **perhaps**, **maybe** 등이 있고, '가능성'을 나타내는 조동사에는 **will**, **may**, **could** 등이 있어요. 이제 확실히 일어날 것과 일어날 것 같지 않은 정도를 구별해서 말할 수 있도록 해봅시다.

Maybe it does, maybe it doesn't.

날마다 쓰는 베스트 기본문장 따라 읽기

Step 1 : 원어민 음성 무작정 듣기 **step 2** : 크게 소리내어 따라 읽기 **step 3** : 문장의 뜻 확인하며 다시 읽기 **step 4** : 혼자서 문장 읽어보기

134　몰라. 아마 뒤에 있을 거야.

I don't know, it's probably in the back.

135　아마 괜찮을 거야.

Probably it will be all right.

136　그가 혹 오늘 안 올지 몰라요.

He may possibly not come today.

137　아마 넌 날 기억 못 할지 몰라.

Perhaps you do not recall me.

138　어쩌면 맞고, 어쩌면 아닐 수도.

Maybe it does, maybe it doesn't.

139　내일은 맑을지도 몰라요.

It may be sunny tomorrow.

140　그 길은 통행금지 될 수도 있어요.

The road can be blocked.

이것만은 꼭 알아두자!

정도[가능성]를 부사로 나타낸다

probably

A: **Are you coming to the summer camp?**
여름 캠프에 참가할 거예요?

B: **Absolutely. Why not?**
물론이죠. 갈 겁니다.

A: **What about Natalie?**
나탈리는 어때요?

Is she coming?
그녀도 갑니까?

B: **Yeah, probably.**
예. 아마 그럴 거예요.

If she passes the exam, yes.
시험에 합격하면.

A: **Judy told me that her parents wouldn't allow her to come to the camp.**
주디는 부모님이 허락해 주지 않는다고 했어요.

B: **That's too bad! Do you think they will possibly change their mind if we ask them?**
저런! 우리가 부탁하면 허락해 주실까요?

A: **Maybe, but it's not likely.**
글쎄요. 그렇지 않을 것 같아요.

They're so stubborn.
부모님이 완고하시거든요.

KNOW THIS!

(1) 정도를 나타내는 '아마'

A: **Will she attend today's class?**
   그녀는 오늘 수업에 나올까요?

B: **Maybe.**
   아마 올 지도 모르죠.

'아마'의 의미로 쓰이는 perhaps, probably, maybe, possibly를 비교해봅시다. 가능성이 높은 순서로 나열해보면 다음과 같습니다.

- **probably**   가능성이 매우 높다.
- **possibly**   probably, perhaps와 maybe의 중간 정도
- **perhaps**   가능성이 매우 낮다.
- **maybe**   perhaps와 거의 같다.

probably는 틀림없을 정도로 높은 가능성이 있는 경우에 사용합니다. 이에 비해 perhaps는 거의 가능성이 없는 경우에 쓰며 maybe는 미국영어에서 자주 쓰는 말로 perhaps와 거의 같은 의미입니다.

그러면 B 씨의 maybe는 어느 정도의 확률을 의미하는 것일까요?

absolutely나 certainly를 100%라고 하면 probably는 80% 이상, possibly는 20%~30%, perhaps, maybe는 그 이하라고 알아두면 됩니다. 그러므로 B 씨는 거의 오지 않을 것이라고 예상하고 있는 것입니다.

(2) 부사의 구별

정도를 나타내는 부사 또는 부사절을 가능성이 높은 순서로 써봅시다.

- **absolutely → always → certainly → very likely → probably → likely → possibly → perhaps → maybe → almost never(= hardly, scarcely ever) → never**

이처럼 정도에 따라서 사용하는 부사를 구별해서 쓸 필요가 있습니다. 예를 들면 다음 문장을 봅시다.

185

이것만은 꼭 알아두자!

- **Did he arrive the airport on time?**
  그는 시간대로 공항에 도착했어요?

대답은 Yes면 Yes, probably., No면 No, maybe not.으로 해야 합니다.

가능성을 조동사로 나타낸다

will / may / could

〈A, B, C, D 4명이 내일의 날씨에 관하여 이야기하고 있다.〉

A: **I think it will rain tomorrow.**
내일은 비가 올 것 같아.

I'm sorry but we should postpone the picnic.
안됐지만, 피크닉은 연기해야 해.

We have no choice.
도리가 없어.

B: **Do you think so? Well, it may very well rain tomorrow, but shouldn't we wait until tonight and find out the weather forecast?**
그렇게 생각해? 비가 올 지도 모르지만 밤까지 기다려서 일기예보를 들어보자.

C: **Speaking of the weather forecast, the radio said it could rain tomorrow this morning.**
일기예보에 의하면 오늘 아침 라디오에서 내일은 비가 올 거라고 했어.

D: **If so, it probably will rain tomorrow.**
그렇다면 내일은 비가 오겠군.

이 회화 속에서 비가 내릴 가능성이 높은 표현 순서로 나열해봅시다.

1. **A will** (예언적인 판단. 100% 확신의 뉘앙스)
2. **B may** (추량 · 확신도는 낮아 20~30% 정도)

KNOW THIS!

3. **C could** (가정법적인 사용. 가능성은 10% 이하)

may와 might에서는 might 쪽이 가정의 뉘앙스가 강하고 may 보다 강한 의심을 나타내기도 하는데 보통 가능성의 정도는 차이가 거의 없습니다.

- **He might[may] come or he might[may] not.**
  그는 오거나 오지 않을 수 있다.

can은 '일반적, 이론적인 가능성'을 나타냅니다. 위의 예문과 같이 '현실의 가능성'이 화제가 되는 경우에는 could를 사용합니다.

한편, may는 현재형, 과거형 모두 현실의 가능성을 나타낼 수 있습니다.

- **The road can be blocked.**
  그 길은 통행금지 될 수도 있다.
- **It may[might / could] be sunny tomorrow.**
  내일은 맑을지도 모른다.

조동사는 현재의 사실을 나타내는 경우에도 특히 회화에서는 과거형(would, could)을 많이 씁니다. 이것은 가정법 용법으로 화자의 강한 의지를 나타내는 것입니다.

그러므로 That's what he will do.보다 That's what he would do.가 '(마치) 그가 할 것 같다'라는 뉘앙스가 강합니다.

대화를 들어볼까요?

→ 민호와 잭은 경마장에 갔다. 민호가 잭에게 마권을 사는 법과 말 구별법을 가르치고 있다.

Jack : How do you tell a good horse from a bad one?

Minho : It's very difficult. You have to look at the horse's body closely.
It can't be sweating* too much.
If the hip muscles look strong, that usually means the horse will be fast.
You also have to consider whether the distance is suited to the horse you're going to bet on.

Jack : There's a lot to it.

Minho : Yes, there is.

Jack : Look! What about that one?
It looks very strong and fast.

Minho : Probably. It's got a good bloodline*, too.
Let's bet on that one.

sweat 땀을 흘리다 (명사도 같은 형) **bloodline** 혈통 **bulge** 부풀다, 융기하다

DIALOGUE

Jack : **Wait. The next one looks good, too.**
It might be faster.

Minho : **You can bet on both if you want.**

Jack : **Oh, look at that horse over there!**
It's got bulging* muscles around its hips.
That one's the best of the three.

Minho : **Well, bet on them all, then.**

잭 : 좋은 말과 나쁜 말을 어떻게 구별하죠?
민호 : 어려워요, 말의 몸을 잘 관찰해야 해요. 땀을 많이 흘리는 것은 안 돼요. 엉덩이 근육이 튼튼해 보여야 잘 달릴 수 있어요. 그리고 거는 말이 그 거리를 잘 뛰는지도 생각해 보지 않으면 안 돼요.
잭 : 경마도 심오하군요.
민호 : 맞아요.
잭 : 봐요, 저건 어때요? 매우 강하고 빠른 것 같은데.
민호 : 그럴 것 같아요. 혈통도 좋고요. 좋아요, 거기에 겁시다.
잭 : 기다려요. 그 옆의 말도 좋은 것 같아요. 더 빠를지도 몰라요.
민호 : 원한다면 둘 모두에 걸 수 있어요.
잭 : 아, 저쪽에 있는 놈을 봐요! 엉덩이 근육이 매우 튼튼해 보여요. 이 셋 중에 저것이 제일이에요.
민호 : 그럼, 셋 모두에 걸어요.

absolutely, certainly, probably, possibly, perhaps, maybe 가능성 정도의 차이를 기억해두세요.

빈칸을 채워보세요

→ 친구와 함께 테니스를 하러 교외에 왔다.

1 하늘이 잔뜩 흐려 있다. 일기예보는 곳에 따라 비, 강수확률 10% 이하라고 한다.

친구 : **It's so cloudy. I forgot to check out the weather report.**
날이 흐리네. 일기예보를 보고 오는 것을 잊었어.

당신 : **It's all right. The weather report said it ①_____ would rain in some places.**
괜찮아. 일기예보는 곳에 따라 비가 온다고 했어.

The chance was 10% or less in this region.
이 지역의 확률은 10% 이하야.

2 만나기로 한 시간에 오지 않은 사람이 있다. '아마' 늦잠을 잤을 것이다.

친구 : **Isn't Dongsoo here yet?**
동수는 아직 오지 않았어?

당신 : **No, he isn't. He ②_____ slept in.**
오지 않았어. 아마 늦잠을 잤을 거야.

Don't worry, he will come soon.
걱정 말아. 곧 올 거야.

3 당신은 친구에게 '좀처럼' 이길 수 없다.

당신 : **It seems that I can ③_____ beat you.**
아마 너를 이길 수 없을 것 같아.

친구 : **Oh, I will never let you beat me.**
절대 지지 않을 거야.

EXERCISE

Come on, let's play one more set.
자, 한 세트 더 하자.

COLUMN

★ 테이블 매너

- 냅킨은 반으로 접어서 무릎 위에 올려놓는다. 냅킨은 식사 중에 자리를 뜰 때에는 의자 위에, 식사를 끝냈을 때에는 테이블 위에 올려놓는다.
- 수프는 스푼으로 바깥쪽으로 떠 올려서 먹는다. 수프가 적을 때에는 왼쪽 손으로 약간 들어 올려서 반대쪽으로 기울인 다음 떠먹는다. 식사 중에 특히 수프를 먹을 때 소리를 내서는 안 된다. 영어에서는 **drink soup**이라고 하지 않고 **eat soup**이라고 한다.
- 스푼, 나이프, 포크 류는 바깥쪽에서부터 안쪽으로 사용한다.
- 테이블에서 그릇을 떨어뜨리지 않도록 조심한다.
- 왼손으로 포크를 잡고 오른손의 나이프로 조금씩 잘라 놓은 다음에 왼손의 포크로 먹는 것이 일반적이지만 미국식은 포크를 오른손으로 바꾸어서 먹는다. 식사 중일 때는 접시 위에 나이프와 포크를 팔(八)자 형으로 올려놓는다. 식사를 마쳤을 때에는 나이프의 날을 안쪽으로 향하도록 하고 포크와 나란히 접시 위에 올려놓는다.
- 빵은 조금씩 손으로 찢어 먹는다. 나이프로 잘라 먹어서는 안 된다.
- 음식물을 입에 가득 문 채 말하지 않는다.
- 소금이나 후추 등이 멀리 있을 경우에는 다른 사람 앞에 있는 것을 함부로 집어 오지 말고 **Would you pass me the salt, please?**(소금을 건네주시겠어요?)라고 가까이에 있는 사람에게 부탁한다.
- 떨어뜨린 나이프나 포크 등은 자신이 줍지 말고 웨이터에게 맡긴다.
- 담배는 디저트가 끝나고 커피나 홍차 등 음료가 나올 때까지는 삼간다.
- 식사는 화기애애한 분위기 속에서 즐겁게 이야기하면서 먹는다. 그러기 위해서는 취미나 여행, 스포츠 등 즐거운 화제를 선택하고 종교, 정치 등 논쟁의 여지가 있는 문제는 피하는 것이 좋다.

Answers

① **perhaps / maybe**　② **probably / likely** 등　③ **almost never / hardly** 등

Unit 21

상대를 배려하는 표현

외워서 하는 영어는 아무래도 상투적일 수밖에 없겠죠? 관용 표현 이상은 나오지 않으니 딱딱하고 재미 없어요. 말을 하기 전에 상대의 입장을 생각하면서 배려하는 마음을 가져보면 어떨까요? 그러면 자기가 알고 있는 표현에 뭔가 덧붙이거나 변화를 줄 생각이 들 거예요. 서양 사람들이 자신의 의견을 분명하게 표현한다고 해서 대놓고 **No**라고 하진 않죠. **Oh, I'd like to ~.** 등의 표현으로 상대가 마음 상하지 않게 배려한답니다.

날마다 쓰는 베스트 기본문장 따라 읽기

Step 1: 원어민 음성 무작정 듣기 **step 2**: 크게 소리내어 따라 읽기 **step 3**: 문장의 뜻 확인 하며 다시 읽기 **step 4**: 혼자서 문장 읽어보기

141 그렇게 하고 싶지만 안 될 것 같습니다.
I'd really love to, but I can't. I'm afraid.

142 널 도와줄 수 있다면 좋을 텐데.
I wish I could help you.

143 그 말이 옳을 수도 있지만, 내게는 맞지 않는 것 같아요.
You may be right, but it's just not for me.

144 좋으시다면 그렇게 해 주세요.
Yes, please, if you don't mind.

145 당신의 의견이 옳은 지는 잘 모르겠습니다.
I'm really not sure you are correct.

146 안됐지만, 함께 갈 수 없어요.
I'm afraid I can't go with you.

147 죄송하지만 일이 너무 많이 밀려 있어서요.
I'm sorry but I'm way behind in my work.

이것만은 꼭 알아두자!

No라고 하지 않고 거절할 때

Oh, I'd really like to, but ~.

A : **Would you like to come over to my house for dinner next Saturday?**
다음 토요일 우리 집에서 저녁 식사 어때요?

B : **Oh, I'd really like to, but unfortunately I have another engagement.**
좋은데요. 다른 약속이 있어요.

A : **Oh, I see. What about Sunday?**
그래요. 그럼 일요일은 어때요?

B : **It's very kind of you to ask me, but actually I will be gone to New York with my family that weekend.**
초대해 주어서 정말 기쁘지만 사실은 이번 주말에 가족들과 뉴욕으로 여행가기로 했어요.

거절할 때는 물론 No라고 한 마디로 할 수도 있습니다. 그러나 그것만으로는 퉁명스럽고 실례의 인상을 줄 수 있습니다. 그렇게 되지 않도록 '매우 ~하고 싶습니다만'이라는 거절 표현을 말하거나 이유를 상대에게 전할 필요가 있습니다.

A : **I wonder if you could check my Korean.**
한국어를 검토해 주시지 않겠어요?

Our teacher gave us an assignment of writing a short essay, but I have no confidence in my Korean.
짧은 수필 숙제를 써야 하는데요. 한국어에는 자신이 없어서요.

B : **Well, I wish I could help you, but I'm pretty tied up with my report on our company's project.**
돕고 싶은데요. 회사의 프로젝트 리포트로 바쁩니다.

KNOW THIS!

Maybe my friend Kim would be able to help you. Do you want me to talk to him?
아마 내 친구 김이 도와줄 수 있을지 모르겠어요. 부탁해 볼까요?

A : **Yes, please, if you don't mind.**
좋으시다면 그렇게 해 주세요.

부드럽게 다른 의견을 말할 때

You may be right, but ~.

A : **Which do you like better, cats or dogs?**
고양이와 개 중 어느 것이 좋아요?

B : **I love cats. They are so darling.**
고양이를 좋아해요. 귀엽잖아요.

C : **Really? I'm not so sure if I can agree with you. Of course they are sweet, but they scratch everything.**
그래요? 나는 그렇게 생각하지 않아요. 물론 고양이는 귀엽지만 할퀴잖아요.

B : **It depends. Besides, they will behave themselves if you train them.**
경우에 따라서요. 게다가 훈련을 잘 시키면 나쁜 짓을 하지 않아요.

A : **That's the point. Training. It's much easier to train dogs than cats. They're so smart.**
맞아요. 훈련이에요. 개를 훈련시키는 것이 고양이 훈련시키는 것보다 쉬워요. 개는 머리가 좋으니까요.

B : **Cat's are smart, too.**
고양이도 영리해요.

C : **Well, I'm not sure about it.**
그건, 잘 모르겠어요.

이것만은 꼭 알아두자!

주장을 지나치게 내세우지 않고 반론하는 표현도 알아둡시다.

- **I'm really not sure you are correct.**
  당신의 의견이 옳은 지는 잘 모르겠습니다.

- **That may be true, but I would like to do it this way.**
  그것이 사실일지도 모르지만, 이 방법으로 하고 싶습니다.

- **You may be right, but I believe he will come.**
  당신이 말하는 것이 옳을지도 모릅니다만 나는 그가 올 것을 믿습니다.

- **I understand what you mean, but in my opinion dogs are brighter than cats.**
  당신의 의견을 알겠습니다만, 고양이보다 개가 머리가 좋다고 생각합니다.

자신의 의견을 확실히 나타내는 것이 서구식 논의법이라고 하지만, You are wrong. / That's not true. / I don't like this idea. 등으로 상대의 의견 또는 주장을 지나치게 전면적으로 부정하는 것이 좋은 것은 아닙니다.

표현을 부드럽게 할 때

> **I'm sorry, but ~.**

A: **You told him to come at ten sharp, didn't you?**
10시 정각에 오도록 그에게 전화했죠?

B: **Yes, I did.**
예, 그랬어요.

A: **Well, it's half past ten now. It looks like he is not going to show up.**
벌써 10시 반이에요. 오지 않을 것 같군요.

B: **I will give him a call if he is still at home.**
아직 집에 있는지 전화를 걸어볼게요.

KNOW THIS!

예문의 It looks like he is not going to show up.은 It looks like를 생략해도 내용은 충분히 전달되지만 강한 단정의 표현이 됩니다.

- **I'm afraid I can't go with you.**
  안됐지만, 함께 갈 수 없어요.

- **I'm sorry, but he cannot come to the phone right now.**
  미안하지만, 그는 지금 전화를 받을 수 없어요.

- **It looks like there will be a slight delay in the schedule.**
  스케줄이 조금 늦어질 것 같습니다.

- **It seems to me that your opinion does not have a point.**
  당신의 의견은 핵심이 아닌 것 같습니다.

이와 같은 표현을 영어로는 **speech softener**라고 합니다. 몇 가지를 더 들어봅시다.

- **I'm afraid you are not going to be invited to Dongsoo's party.**
  미안하지만, 당신은 동수의 파티에 초대되지 않을 거예요.

- **I'm sorry we don't have a position suitable for you.**
  미안하지만, 당신에게 맞는 자리가 없습니다.

- **I hate to tell you this, but it looks like it would be better if I didn't see you any more.**
  이런 말씀 드리기 싫지만 당신과는 다시 만나지 않는 게 좋을 것 같은데요.

- **It seems you and I are not exactly on the same wave length.**
  당신과 내가 잘 맞는다고 할 수는 없을 것 같습니다.

대화를 들어볼까요?

→ 선희, 케이트, 미라 셋이서 쇼핑하러 갔다. 부티크에서 옷을 고르고 있다.

Mira : Hey, Sunhee, check this out*!

This will look great on you.

Sunhee : Wow, it's really pretty.

But don't you think it's a bit too loud*?

Mira : Let's see. Try it on.

Sunhee : O.K.

(At the fitting room*)

Sunhee : How do I look?

Kate : Oh, you look very pretty in that dress.

But it seems … uh … a little big around the bust.

I mean, just a little.

Mira : A smaller size might look better on* you.

I'll go get a smaller one.

check it out (맞는지) 검토하다 **loud** (옷 등이) 화려한, 야한 **fitting room** 탈의실
look on ~ ~에 어울리다

DIALOGUE

Sunhee : **No, that's O.K. This is my usual size. I wouldn't be able to button the back in a smaller size. Oh well.**

Kate : **Well, let's go look if there's another pretty dress for you.**

Mira : **All right.**

미라 : 선희, 이걸 봐요! 매우 잘 어울릴 거예요.
선희 : 와, 정말 예쁘네요! 그런데 좀 야한 것 같지 않아요?
미라 : 어쨌든 입어 봐요!
선희 : 좋아요!

(탈의실에서)

선희 : 어때요?
케이트 : 매우 예뻐요. 그런데 품이 좀 큰 것 같지 않아요? 아주 조금 말이에요.
미라 : 좀 더 작은 사이즈면 더 잘 어울리지 않을까요? 골라 줄게요.
선희 : 아니, 괜찮아요. 항상 이 사이즈였으니까요.
아래 사이즈는 등 단추가 채워지지 않아요. 그것은 안 돼요.
케이트 : 그래요. 그럼 다른 것도 봐요. 더 예쁜 것이 있는지요.
미라 : 좋아요.

영어가 익숙하지 않더라도 무조건 **Yes**, **No**의 직접적인 표현을 쓰기보다 상대를 배려하는 다양한 우회적인 표현들을 익혀보세요.

빈칸을 채워보세요

1 친구가 동물원에 가자고 하는데 다른 약속이 있어서 갈 수 없다.

친구 : **I am visiting the zoo this weekend with Sunhee.**
이번 주말에 선희와 동물원에 가기로 했어.

Why don't you join us?
함께 가지 않을래?

당신 : **That sounds fun.**
재미있겠군.

But I'm ① _____ I have other plans for this weekend.
그런데 주말에는 다른 계획이 있어.

2 친구 둘과 만나기로 했는데 한 명이 오지 않는다.

친구 : **He is late. Maybe he forgot about today.**
그는 지각이야. 오늘을 잊어버렸을 거야.

He easily forgets everything.
그는 건망증이 심해.

당신 : **② _____ , but not this time.**
그럴지도 모르지만, 오늘은 아니야.

I called him yesterday and confirmed.
어제 확인 전화를 했어.

3 친구와 쇼핑하러 갔다. 친구가 고른 옷이 그다지 어울리지 않는다.

친구 : **How do I look?**
나 어때?

당신 : **Well, it ③ _____ to me that the color is too quiet for you.**

EXERCISE

그런데 그 색은 너에게 너무 수수한 것 같아.

Why don't you try another color, maybe brighter one?

좀 더 밝은 것을 입어 보지 그러니?

COLUMN

★ **겸양표현**

한국인은 자신을 낮추는 겸양표현을 많이 씁니다. 예를 들면 선물을 주는 경우 '보잘 것 없는 물건입니다.'라고 하는데 영어에서는 **This is a humble thing.**이라고 하지 않습니다. 하잘 것 없는 물건을 선물하는 것은 도리에 맞지 않습니다. 겸양표현으로는 **Here is something.**이나 **This is a small gift.**(작은 선물입니다.) 정도가 있습니다.

선물을 받은 사람은 그 자리에서 선물을 열어보고 상대방에게 감사와 기쁜 마음을 전합니다. 만일 상대에게 '미안하다'라는 감정을 전하고 싶을 때에는 **You shouldn't have done this!**(이러지 않으셔도 돼요!)라고 합니다.

또 다른 사람 집을 방문하고 나서 작별을 할 때 '폐가 많았습니다.'라고 하는데 직역해서 **I'm sorry I have disturbed you.** 또는 **I'm sorry I have been a bother.**라고는 하지 않습니다.

이런 표현은 실제로 폐를 끼쳤거나 방해 했을 때에만 사용하는 것이므로 인사 대신으로 써서는 안 됩니다.

Answers

① **sorry / afraid** ② **Maybe it's true** ③ **looks like / seems**

Unit 22

소문을 말할 때

소문은 소문을 낳고 입에서 입으로 옮겨질 때마다 커다랗게 부풀게 마련입니다. 그렇다고 소문에 귀막고 살 수도 없는 노릇이고 가벼운 가십 정도는 너무 재미 있으니 어쩌겠어요? 소문은 늘 이렇게 시작하죠. **Guess what?**(그거 아니?) / **Don't tell anybody.**(아무한테도 말하지 마.) 그리고 늘 이런 반응으로 끝나고요. **Unbelievable!**(믿을 수 없어!) / **You're kidding!**(농담이겠지!)

날마다 쓰는 베스트 기본문장 따라 읽기

Step 1 : 원어민 음성 무작정 듣기
step 2 : 크게 소리내어 따라 읽기
step 3 : 문장의 뜻 확인하며 다시 읽기
step 4 : 혼자서 문장 읽어보기

148 그런데 아니?

Guess what?

149 나도 들었어요.

So did I.

150 지금이니까 말하는 건데 ….

I have to admit that ….

151 비밀인데 ….

Just between us, ….

152 아무에게도 말하지 마세요.

Don't tell anybody ….

153 믿을 수 없어!

Unbelievable!

154 크게 떠들 얘기가 아닌데 ….

I can't say this out loud, but ….

이것만은 꼭 알아두자!

그런데 아니?

Guess what?

A: **Guess what? She seems to have got a new boyfriend.**
그런데 아니? 그녀에게 새 남자친구가 생긴 것 같아.

B: **She who?**
그녀 누구?

A: **Amy. I saw her getting out of this unfamiliar car this morning, and there was a guy in the driver's seat.**
에이미. 오늘 아침 그녀가 잘 모르는 차에서 내리고 있는 것을 보았어. 운전석에는 남자가 타고 있었어.

B: **It might be her brother, right?**
오빠일지도 모르잖아?

A: **I don't think so. I know her brother drives the yellow car.**
그렇지 않을 거야. 그녀의 오빠는 노란색 차를 타고 다녀.

The car I saw was blue.
내가 본 차는 푸른색이었어.

소문을 이야기할 때에는 상대의 흥미를 끄는 약간 거드름 피우는 어법을 씁니다. 예문의 Guess what?도 직역하면 '뭐라고 생각해?'라는 의미이고 어딘지 거드름 피우는 느낌이 있습니다.

다음은 소문을 말하는 표현의 예이고 '~라고 하더라, ~라고 한다'라고 source(소문의 출처)를 얼버무리는 표현입니다.

A: **I heard that she's going to leave the company.**
그녀가 회사를 그만 둔다고 해요.

B: **So did I. They say that she had a big fight with her boss last week.**
나도 들었어요. 지난주에 상사와 크게 싸웠다고 하더군요.

KNOW THIS!

지금이니까 말하는 건데 ….

I have to admit that ….

A : **I have to admit that I forgot the bride's name in the middle of the speech.**
이제야 말이지만. 연설 도중에 신부의 이름을 잊었어요.

B : **But your speech was interesting and well-organized.**
그래도 연설은 재미있었고 잘 되었어요.

I have to admit that ~. 대신에 It's all right to say now, but ~.이라고 하는 표현도 쓸 수 있습니다.

비밀인데 ….

Just between us, ….

A : **You know what? I heard that Amy is leaving school.**
그런데 있잖아요? 에이미가 학교를 관둔대요.

B : **Where did you hear that?**
어디서 들었어요?

A : **From Maurine. Why do you ask me something like that? You know what's going on?**
모린에게서요. 왜 그런 걸 묻죠? 무슨 일인지 알아요?

B : **Well, can you keep a secret? It's just between you and me, nobody else.**
비밀을 지켜줄래요? 우리 둘만의 이야기이고 다른 사람에게는 비밀이에요.

A : **I'll take an oath.**
맹세해요.

이것만은 꼭 알아두자!

'둘만의 이야기'는 Just between us, ~.나 Just between you and I, ~.를 쓰며, 비슷한 표현으로 Don't tell anybody ~. '아무에게도 말하지 마세요' 등이 있습니다.

A : **I got a good news. Just between us, O.K.?**
좋은 소식이 있어. 비밀이야. 알았어?

B : **O.K.**
좋아.

A : **I confirmed that Brad Pitt is staying at the Shilla Hotel tonight!**
브래드 피트가 오늘밤 신라 호텔에 묵는데요.

B : **Really? Let's go see him right now!**
그래요? 지금 만나러 가자!

A : **Keep your voice down. Just don't tell anybody, all right?**
소리를 낮춰요. 다른 사람에게는 비밀이에요. 좋아요?

B : **All right.**
알겠어요.

믿을 수 없어! / 농담이겠지!

Unbelievable! / You're kidding!

A : **Listen. Believe it or not, I saw Brad Pitt yesterday at Shilla Hotel.**
들어봐요. 믿을지 모르겠지만, 어제 신라호텔에서 브래드 피트를 보았어요.

B : **You're kidding!**
농담마세요!

A : **It's true. He was in a blue sweater and jeans, and looked very cool.**
정말이에요. 청색 스웨터에 청바지 모습으로 매우 멋졌어요.

B : **Unbelievable! Are you sure? It might have been**

KNOW THIS!

somebody else.
믿을 수 없어요! 틀림없어요? 다른 사람일지도 모르죠.

A: **Believe me, it was him.**
확실히 그였어요.

(1) 믿을 수 없다!

unbelievable이나 incredible이라는 형용사 한 마디로 나타낼 수도 있고, I don't believe it.이나 It can't be true.처럼 문장으로 나타낼 수도 있습니다.

A: **I heard that he is not coming back from L.A. this summer.**
그는 올 여름에 LA에서 돌아오지 않는다고 하더군요.

B: **It can't be true.**
믿을 수 없어요.

(2) 거짓말이지!

That's a lie! / You are lying. / Don't tell me a lie.라고 lie를 사용하면 상대방에게 실례가 되므로 You're kidding me. '당신은 나를 놀리고 있는 거예요.' 또는 I don't believe it. '믿을 수 없어요.'라고 해야 합니다.

크게 떠들 얘기가 아닌데, ~.

I can't say this out loud, but ~.

A: **I can't say this out loud, but Greg will be transferred.**
크게 떠들 얘기는 아닌데, 그렉은 전근될 거예요.

B: **I heard that. I was shocked.**
나도 그런 소식을 듣고 놀랐어요.

이것은 This is a secret, but ~.으로 바꾸어 쓸 수 있습니다.

207

대화를 들어볼까요?

→ 잭과 민호가 학교 식당에서 점심 식사를 하고 있다.

Minho : I hear Sunhee has a crush on some guy.
I wonder who the lucky guy is.

Jack : Where did you hear this?

Minho : I've heard if from a couple of people. She's been really popular since she was Queen at the college festival last year.
I guess it's no wonder everybody talks about her, especially the guys.

Jack : If you're interested in finding out who she has the crush* on, why don't you ask her?
She's a friend of yours, isn't she?

Minho : I would if I could.
The trouble is, I kind of like her, and I'm afraid to find out if the rumor* is true.

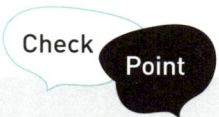

crush 홀딱 반함〈구어〉　rumor 소문

✓ 1 2 3 **DIALOGUE**

Jack : **Oh, don't tell me you like her, too!**

Minho : **"Too?" What do you mean "too?"**

Jack : **Oh, nothing. Forget it.**

Hurry up, lunch time's almost over.

민호 : 선희가 어떤 녀석에게 홀딱 빠졌다고 하는군요. 그 행복한 녀석이 대체 누굴까요.

잭 : 그 이야기 어디서 들었어요?

민호 : 여러 사람에게서요. 그녀는 작년 대학 축제에서 퀸이 되고 나서 유명해졌어요. 모든 사람들 특히 남자들이 그녀와 이야기하고 싶어 한다는 것은 의심할 여지가 없는 것 같아요.

잭 : 누구에게 빠져 있는지 알고 싶다면 그녀에게 물어보는 게 어때요? 그녀는 당신의 친구잖아요?

민호 : 그렇게 하고 싶어요. 그런데, 문제는 내가 그녀를 좀 좋아한다는 거예요. 그래서 소문이 사실인 것이 밝혀지는 게 두려워요.

잭 : 당신? 설마 당신도 선희를 좋아하는 거예요?

민호 : '당신도'라고 했어요?

잭 : 아무 것도 아니에요. 잊어버려요. 서둘러요. 점심시간이 거의 끝났어요.

Tip

아무리 좋은 얘기더라도 남에 관한 이야기나 소문들은 조심하는 게 좋겠죠?

빈칸을 채워보세요

→ 선생님이 학교를 그만둔다는 소문을 들었다. 친구에게 물어보자.

당신 : **Hey, I just heard something very surprising.**
이봐, 좀 놀라운 이야기를 들었어.

They ① _____ that Mr. Smith is leaving the school.
스미스 선생님이 학교를 그만 두신대.

친구 : **I heard that, too. You know ② _____ ?**
나도 들었어. 그런데 알고 있어?

He's going to get married to one of the students here and going back to the States.
우리 학생 누구와 결혼해서 미국으로 돌아간대.

당신 : **You're ③ _____ !**
농담이지!

친구 : **Hush! Just don't tell ④ _____ yet, O.K.?**
쉬! 아직 비밀이야, 알겠어?

당신 : **O.K. But why do you know such a thing?**
알았어. 그런데 뭐로 그걸 알았어?

친구 : **Can you keep it ⑤ _____ until I tell you it's O.K. to talk about it in public?**
모두에게 공표해도 괜찮을 때까지 비밀을 지켜 줄 것을 약속할 수 있어?

당신 : **Sure.**

EXERCISE

물론.

친구 : **Because I'm the one who is going to marry him.**

사실 결혼하는 상대는 나야.

당신 : **Unbelievable!**

믿을 수 없어!

C|O|L|U|M|N

★ 레이디 퍼스트

- 문을 열고 여성을 먼저 들어가게 한다. 엘리베이터 등인 경우에는 버튼을 눌러서 여성을 먼저 태우고 내릴 때에 여성이 먼저 내리고 남성이 뒤따라 내린다. '먼저 타세요[내리세요]'는 **After you, please**.
- 승용차를 탈 때 남성은 문을 열고 여성을 먼저 태우고 내릴 때에는 남성이 먼저 내려서 여성이 탄 쪽의 문을 열고 내리게 한다.
- 극장 또는 레스토랑 등에서 안내인(**usher**)이 안내해 줄 때에는 여성이 먼저, 안내인이 없을 때에는 남성이 앞서 간다.
- 두 사람이 함께 오르내릴 수 없는 좁은 계단 등에서는 오를 때 여성이 먼저, 내려올 때 남성이 먼저 내려온다.
- 여성과 함께 길을 걸을 때에는 남성이 차로 쪽에서 걷는다.
- 엘리베이터 등을 여성과 함께 탄 경우 남성은 모자를 벗는다.
- 방에 여성이 들어왔을 때나 나갈 때 남성은 일어선다.
- 악수는 여성이 남성에게 청하지 않을 때에는 남성이 악수를 청하지 않는다.
- 여성이 의자에 앉을 때에는 의자를 당겨준다.
- 음식을 줄 때에는 여성에게 먼저 준다.
- 여성이 옷을 입거나 벗을 때 거들어준다.
- 여성이 무거운 짐을 들고 있을 때에는 들어 준다.

Answers

① **say**　② **what / something**　③ **kidding / joking**　④ **anybody**　⑤ **secret**

학습일

Unit 23

가정에 관한 표현

아직 일어나지 않은 일이나 일어날지도 모르는 일을 가정해서 말하는 것은 아주 흔한 일이기도 하지만 때론 굉장히 매혹적인 표현이 되기도 해요. 상상을 현실로 만들기도 하니까요. 가장 쉽게 사용하는 표현은 단연 **if** 입니다. **If ...**로 대표되는 표현들을 모아 봤어요. **if** 대신 **in case ~**도 쓸 수 있어요.

If you don't, I won't help you.

날마다 쓰는 베스트 기본문장 따라 읽기

Step 1 : 원어민 음성 무작정 듣기
step 2 : 크게 소리내어 따라 읽기
step 3 : 문장의 뜻 확인하며 다시 읽기
step 4 : 혼자서 문장 읽어보기

155 네가 하지 않으면, 나는 널 도와주지 않을 거야.
If you don't, I won't help you.

156 싫으면 둬.
You need not do so if you don't want to.

157 네가 도착하면 나한테 알려 줘.
Let me know if you locate.

158 네가 원한다면 기꺼이 말해주겠어.
I'd be happy to say it if you'd like.

159 당신이 믿을 거라 생각하지 않았어요.
I don't suppose you'll believe it.

160 유사시에는 저에게 전화를 주세요.
Call me in case of need.

161 필요할 경우 내가 그를 도울 거야.
In case of need, I will help him.

이것만은 꼭 알아두자!

If를 이용해서 조건을 붙인다

> **~ if it is a fine day tomorrow.**

A: **You are coming to the concert tomorrow, right?**
내일 콘서트에 가니?

B: **Sure I am. I think I'm going to take a bus to the hall.**
예. 버스로 홀까지 갈 거예요.

A: **I'm gonna drive there.**
나는 차로 가려고 해.

If you come to my place by ten, I will give you a ride.
우리 집에 10시까지 오면 태워줄 수 있어.

B: **It is very kind of you.**
친절하군요.

I really appreciate your offer.
그렇게 해 주어서 고마워요.

A: **O.K. I'll be waiting for you.**
그럼, 기다리고 있을게.

B: **Thank you.**
고마워요.

if를 이용하는 표현이 조건 제시의 대표적인 예라고 할 수 있습니다. 조건을 나타내는 if 이하의 시제는 미래의 일에도 현재시제를 사용합니다.

- **Let's have lunch at the park if it is a fine day tomorrow.**
  내일 날씨가 좋으면 공원에서 점심 먹자.

가정법으로 쓰는 if 이하의 조건절에는 과거형 또는 과거완료형을 쓸 수 있습니다.

- **If I were you, I would not do such a thing.**
  나(가 당신입장이)라면 그런 일을 하지 않는다.

- **If you have finished your work, you may leave.**
  일이 끝나면 돌아가도 좋아요. (지금은 마치지 않았다.)

KNOW THIS!

조건이 되는 if 이하의 절에 will을 쓸 수도 있습니다. 이 경우에는 '상대의 호의를 기대한다'는 뉘앙스입니다.

- **I shall be very glad to stay here, if you will stay with me.**
  만일 당신이 남아 준다고 하면, 나도 기쁘게 남겠다.

이 문장을 '~ if you stay with me.'로 하면 단순한 조건을 나타내는 게 됩니다. '~ if you will stay with me.'라고 will을 써서 함께 있기를 바란다는 것을 나타내는 것입니다.

~인 경우는

in case of ~

A: **Have you already packed your things?**
짐 꾸렸니?

We're leaving at five o'clock tomorrow morning, remember?
내일 아침 5시에 출발이야. 기억하고 있지?

B: **Sure. I packed everything except for my toothbrush.**
알아. 칫솔을 빼고는 다 꾸렸어.

A: **You should leave the phone number of the camping site at home, so that they can reach you in case of trouble.**
캠프장의 전화번호를 집에 가르쳐 드려. 문제가 생기면 전화할 수 있도록.

B: **Sure. I will.**
그럴게.

A: **And in case that you sleep in, please call my cellphone.**
그리고 내가 만일 늦잠을 자는 경우에는 내 핸드폰으로 전화해.

B: **All right.**
알았어요.

이것만은 꼭 알아두자!

in case ~는 if로 바꿀 수 있고 '만일 ~인 경우는'이라는 의미와 '~일지 모르니까'라는 2가지 의미가 있습니다.

- **Take a sweater in case that the weather turns cold.**
  추워질지 모르니까 스웨터를 가지고 가세요.

in case of ~는 '~인 경우는, 만일 ~하면'이라는 조건을 나타내는 표현으로 of 뒤에는 명사가 옵니다.

- **The hiking will be postponed in case of rain.**
  비가 오는 경우 하이킹은 연기됩니다.

in that case도 조건의 부사로 '그런 경우면, 그렇다면'이라는 의미입니다.

- **Can you keep it secret? In that case, I'll tell you the truth.**
  비밀을 지켜줄 수 있어? 그렇다면 진실을 말할게.

만일 ~라고 하면

suppose

A: **Suppose you have a million dollars, what would you do with that?**
백만 달러가 있다면 뭘 하겠어?

B: **If no one knows that I have it, I will save the whole amount at the bank.**
아무도 모른다면 전부 은행에 저축하겠어.

A: **And then?**
그 다음에는?

B: **Nothing. It's for the guarantee.**
아무 것도 하지 않아. 보험이야.

I will leave the company unless I get a raise of five percent by next month.
다음 달까지 5% 봉급이 오르지 않으면 회사를 그만 둘 거야.

KNOW THIS!

suppose는 '가정해서 ~라고 하자, 만일 ~라고 하면'이라는 조건을 나타내며 if로 바꿀 수 있지만 다음과 같을 때는 if로 바꿀 수 없습니다.

- **Suppose we meet at the station at seven.**
  역에서 7시에 만나는 것으로 하면 어떨까?

이때의 suppose는 '~하면 어떨까?'라는 let's에 가까운 표현이 됩니다.

unless는 '만일 ~가 아니면'이라는 부정의 의미를 포함하므로, if ~ not으로 바꿀 수 있습니다. 위 예문의 마지막 문장을 if로 바꾸어 써보면 I will leave the company if I don't get a ~.가 됩니다.

- **Unless she is too busy[If she is not too busy], she will accept the offer.**
  그렇게 바쁘지 않으면 그녀는 그 요구를 들어줄 것이다.

if를 생략한 표현

> **Were I you(= If I were you), ~.**
>
> A: **You tell me you didn't know about it?**
>   그 일은 몰랐다는 거예요?
>
> B: **Have I known it, I wouldn't be here.**
>   알았다면 여기에 있지 않았겠죠.

문어 표현에서는 if를 생략하고 대신에 주어와 동사(또는 조동사)의 어순을 바꾸어서 조건 또는 가정을 나타낼 수 있습니다.

- **Were I you, I wouldn't choose that one. (= If I were you, ….)**
  나라면 그것을 고르지 않는다.
- **Should he be given a chance, he would do his best. (= If he should be given a ….)**
  만일 기회가 주어지면 그는 최선을 다할 것이다.

대화를 들어볼까요?

→ 미라는 잭과 함께 쇼핑을 하기로 했는데 약속 장소에 잭이 나오지 않았다.

Jack : Ahm ⋯, hello?

Mira : Jack? Is that you? What are you doing?

Jack : Mira? Oh, I was sleeping like a log*. What's up?

Mira : "What's up?" You mean you forgot?

Jack : Huh? ⋯ Oh! Our shopping date!!!
I'm so sorry, Mira. I'll get there right away.

Mira : You can come anytime you want. I'm going home.

Jack : No! Look, I'm sorry! Forgive me!
I'm on my way right now. Give me a chance to make this up to you, please.

Mira : Forgive you?
If you want my forgiveness, you'd better be here in five minutes and apologize right here in front of me.

Jack : Five minutes? That's not possible.
It'll take at least half an hour.

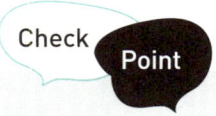

sleep like a log 죽은 듯이 자다　**waste** 허비하다, 낭비하다

DIALOGUE

Mira : I've already wasted* two hours of my time. Are you going to make me wait another thirty minutes?

Jack : O.K, you're absolutely right. I'll be there in twenty minutes.

Mira : Fifteen, or I'm gone.

잭 : 음, 여보세요?
미라 : 잭? 당신이에요? 뭐하고 있어요?
잭 : 미라? 아, 푹 잤어요. 무슨 일이죠?
미라 : '무슨 일'이라고 했어요? 잊었어요?
잭 : 아! 맞다, 쇼핑! 미안해요. 곧 갈게요.
미라 : 아무 때고 와요. 나는 돌아갈 거예요.
잭 : 정말 미안해요. 용서해요! 곧 가서 사과할 테니까, 기다려요.
미라 : 용서하라고요? 용서를 바란다면 5분 이내로 와서 눈앞에서 사과해요.
잭 : 5분은 무리예요. 적어도 30분은 걸려요.
미라 : 난 벌써 2시간 낭비했어요. 30분 더 기다리라고요?
잭 : 당신 말이 맞아요. 20분 내로 갈게요.
미라 : 15분이에요. 아니면 가버릴 거예요.

Tip

가정법을 어렵게 생각하지만 생각 외로 일상생활에 가정법이 많이 쓰이고 있음을 알 수 있습니다. **Would that the rumor were not true**. (그 소문이 사실이 아니면 좋겠는데.) 와 같은 관용적인 표현들은 알아두시면 좋겠죠?

빈칸을 채워보세요

→ 수학 숙제가 매우 어렵다. 친구에게 도움을 청해보자.

당신 : **Hi, it's me. Will you help me, please?**
나야. 좀 도와줄래?

I don't think I can finish homework for Math by myself.
수학숙제를 혼자서는 마칠 수 없을 것 같아.

Have you done with it?
너는 다 했니?

친구 : **Well, almost.**
거의.

** ① there is no tricky question I'll be finished in half an hour.**
함정 문제가 없으면 30분이면 마칠 수 있어.

I just remembered that you hated Math so much.
너는 수학을 아주 싫어하는 걸로 기억하는데.

당신 : **Right. But Mom will kill me ② I get A for Math.**
맞아. 그래도 A를 받지 않으면 어머니가 날 죽일 거야.

Can I borrow your note, please?
노트를 빌려주겠어?

친구 : **Sure. But ③ , I would like**

EXERCISE

borrow your note for the English, please.

그래. 그런데 그 대신 영어 노트를 빌려 줘.

당신 : Fair enough. Say, eight o'clock is convenient for you?

공평하군. 그럼 8시에 괜찮겠어?

I'm coming to your place.

그 쪽으로 갈게.

친구 : O.K.

좋아.

C|O|L|U|M|N

★ 여성과 차별어

영어에는 인간을 **man**이나 **he**로 나타내고 인류는 **mankind**나 **human beings**라고 한다. 또한 **policeman** 경관, **fireman** 소방관, **spokesman** 대변인, **chairman** 의장. 등 직업이나 지위를 나타내는 말에도 남성을 의미하는 **man**이 많이 사용되지만 여성이 다양한 일에 진출하게 되어 직업에서도 남녀의 경계가 사라지고 있는 지금 미국에서 이런 말은 시대에 뒤떨어지는 것으로 여겨 점차 바뀌어 가고 있다. **spokesman**에 대해 **spokeswoman**을 쓰고, **chairman**의 **man** 대신에 **person**을 넣어 **chairperson**으로 나타낸다.

Answers

① **If** ② **unless** ③ **in that case**

Unit

학습일

격려와 위로에 관한 표현

우울한 사람이 곁에 있다면 격려와 위로를 아끼지 마세요.
Cheer up!(기운 내요!) / **Don't worry!**(걱정 마.) /
I know things will work out.(반드시 잘 될 거예요.) 등
격려의 표현은 얼마든지 있으니까요. 친한 친구한테라면
I want to be of help.(너에게 도움이 되고 싶어.)라고 진심으로 말해주세요. **That's too much.**(큰일이군요.) /
That's terrible.(심하네요.) 등으로 분위기에 활력을 넣어봅시다.

That's too bad, but cheer up!

날마다 쓰는 베스트 기본문장 따라 읽기

Step 1 : 원어민 음성 무작정 듣기   **step 2** : 크게 소리내어 따라 읽기   **step 3** : 문장의 뜻 확인 하며 다시 읽기   **step 4** : 혼자서 문장 읽어보기

162 기운 내세요!

Cheer up!

163 걱정하지 마세요!

Don't worry!

164 안됐군요. 기운 내세요!

That's too bad, but cheer up!

165 흔히 있는 일이에요.

It happens.

166 당신이 옳아요.

You're on the right track.

167 너무 낙심하지 말아요.

Don't let it get you down.

168 마음을 가라 앉혀요.

Pull yourself together.

머리에 쏙쏙!

이것만은 꼭 알아두자!

상대를 칭찬할 때

> **Things couldn't be better.**
>
> A : **Work is going fine. And I'm engaged to the president's daughter.**
> 일은 잘 되고 사장 딸과 약혼했어.
>
> B : **Things couldn't be better.**
> 최고구나.

Things couldn't be better.는 '이 이상 좋은 것은 없다.'라는 의미입니다.

이외에 칭찬하는 말을 들어봅시다.

A : **I was able to fix the VCR.**
VCR을 수리해 냈어요.

B : **Only you could have done it.**
당신이니까 해낸 거예요.

그밖에 다음과 같은 칭찬의 표현도 있습니다.

A : **Thank you, I passed the job interview.**
덕분에 취직 면접시험에 합격했어요.

B : **Oh, did you? I'm seeing you in a new light.**
아, 그래요? 다시 봤어요.
(이 light은 '견해'라는 의미로 견해가 바뀌었다는 것)

A : **I anticipated this kind of situation and called a taxi.**
이런 일이 있을지 알고 택시를 불렀어요.

B : **You've got a good head on your shoulders.**
머리가 잘 돌아가는 군요.
(이것은 '어깨 위에 좋은 머리가 있다'라는 의미에서 파생된 것)

KNOW THIS!

후회하고 있는 상대를 격려할 때

Never mind.

A: **I'm sorry. I should be doing that job myself.**
안됐지만. 그 일은 내가 했어야 했는데요.

B: **Never mind. You tried your best. Besides, the customer was very impressed with your job.**
신경 쓰지 말아요. 당신은 최선을 다했어요. 게다가 고객도 당신에게 매우 감명 받았어요.

후회(regret)하고 있는 상대를 위로하는 표현이 Never mind. 입니다. '걱정 마.'가 바로 Never mind. 인 것입니다. Don't mind. 라고 하면 '당신이 신경 쓸 필요는 없다.'라는 의미가 되어 Never mind. 와는 의미가 달라집니다.

이외에 격려하는 표현을 들어봅시다.

A: **Ugh, things just didn't turn off well.**
아, 일이 잘 되지 못했어.

B: **I know how you feel, but it's over. Don't let that bother you.**
기분은 알아요. 그러나 끝난 일이잖아요. 신경 쓰지 말아요.

A: **I should have talked to her before she was upset.**
그녀가 화내기 전에 이야기해야 했어요.

B: **Don't worry too much.**
너무 걱정하지 말아요.

이것만은 꼭 알아두자!

화가 난 상대를 달랠 때

You think too much.

A: **Even though Misun knows I'm on a diet, she always sends me sweets on purpose.**
미선이는 내가 다이어트 하는 것을 아는 데도 고의로 사탕을 보내오고 있어.

B: **You think too much.**
지나친 생각이야.

'지나치게 생각하다.'는 You think too much. 입니다.

다음은 상대를 달래는 표현입니다.

A: **I knew it. There is no way I can do this job with her.**
처음부터 알았어요. 그런 일은 그녀와 함께 하는 것이 무리라고.

B: **What are you talking about? You can do it.**
무슨 말이에요? 할 수 있어요.

A: **All the data was lost because the power went out.**
정전으로 데이터가 모두 날아갔어요.

B: **It's no big deal. Don't get so excited.**
큰 일 아니에요. 그렇게 흥분하지 말아요.

낙심하고 있는 상대를 달랠 때

Don't let it get you down.

A: **The negotiations with Seoul Trading were almost a success.**
서울무역과의 협상은 거의 성공할 뻔했는데.

B: **Don't let it get you down.**
너무 낙심하지 말아요.

KNOW THIS!

A : **I know, but this time I'm really discouraged.**
알지만 이번에는 정말로 실망스럽군요.

B : **Cheer up! We can work it out.**
기운 내세요! 성사시킬 수 있을 겁니다.

낙심하고 있는 상대를 격려하는 표현을 알아봅시다.

A : **We did my best, really. We held out for a raise of ten percent.**
최선을 다했어요. 10% 봉급 인상을 끝까지 주장했으니까요.

B : **I understand what you're saying.**
무슨 말 하는지 알겠어요.

A : **I think Mr. Lee doesn't like me.**
미스터 리는 나를 싫어하는 것 같아요.

B : **It's just your imagination.**
당신 상상이에요.

A : **I don't know what to do.**
어떻게 하면 좋을지 모르겠어요.

B : **Pull yourself together.**
마음을 가라 앉혀요.

A : **I managed to finish the report, but it isn't going to be all right.**
어쨌든 보고서를 마쳐도 이것이 승인되지 않을 거예요.

B : **Don't worry about it. You've done more than enough.**
걱정하지 말아요. 할 일을 다 했으니까.

대화를 들어볼까요?

→ 잭이 선희를 위로하고 있다.

Jack : Did you hear anything from the boy you met at the party?

Sunhee : No, unfortunately. I definitely* think the word "naive" upset him.

Jack : I doubt he's upset*.
You wrote him again to straighten it out, didn't you?

Sunhee : Yes, I did. But he still hasn't written back.
Oh well, what's done is done, but I wish I had learned English better.

Jack : You tried your best. And it's not over yet, right?

Sunhee : What do you mean?

Jack : I mean, so what if he hasn't written back?
Maybe he doesn't want to write, like you said.
But maybe he's too busy to write or maybe he doesn't know your address.

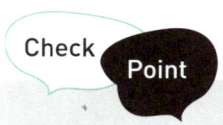

definitely 정확히   **upset** 화나게 하다   **Cheer up!** 기운 내!

DIALOGUE

There's just no way to know for sure. It's not like he's told you not to write.

Sunhee : You're right. And my address! I'm not sure if I put my address on the letters.

Jack : See? Cheer up*! Why don't you go home and write to him again?

Sunhee : I will. Thanks, Jack. You're so sweet.

잭 : 그 파티에서 만난 남자에게서 편지 왔어요?
선희 : 안 왔지만 '나이브'라고 해서 화가 난 것 같아요.
잭 : 화나지 않았을 거예요. 사과의 편지를 썼지요?
선희 : 예. 그래도 답장이 없어요. 후회해도 소용없지만 영어를 더 공부해 두는 건데 그랬어요.
잭 : 최선을 다했잖아요. 그리고 아직 끝난 것은 아니잖아요?
선희 : 무슨 뜻이지요?
잭 : 아직 답장을 하지 않았다는 것과 무슨 상관이에요? 당신이 말한 대로 쓰고 싶지 않을지도 모르죠. 그러나 쓸 시간이 없을지도 모르고 주소를 모를 수도 있어요.
확실하지는 않지만 그가 당신에게 편지하지 말라고는 하지 않은 것 같은데요.
선희 : 맞아요. 내 주소! 편지에 주소를 썼는지 기억에 없어요.
잭 : 기운 내요! 돌아가서 다시 편지를 써요.
선희 : 그럴게요. 고마워요, 잭. 친절하군요.

Tip

칭찬은 고래도 춤추게 한다지요? 칭찬과 격려는 아끼지 않고 많이 할수록 좋은 것 같습니다. 다양한 표현들을 기억하셔서 주변의 많은 사람들에게 칭찬과 격려로 용기와 희망을 나누길 바랍니다.

빈칸을 채워보세요

1 동료가 상사에게 꾸지람을 들었다. 격려해보자.

당신 : **You look depressed, What's up?**
우울해 보이는데, 무슨 일이야?

동료 : **My boss is angry with me because I made a small mistake in this calculation.**
계산이 좀 틀렸다고 상사에게 꾸중을 들었어.

당신 : **Don't ①_____ it get you down so badly.**
그렇게 우울해 하지 마.

He is the kind of person who picks on anything.
그 사람은 그런 일만 찾고 있는 타입이야.

2 집에 돌아오자 친구로부터 전화가 왔다. 데이트 신청을 거절당해서 속이 상해 있는 그녀를 달래보자.

친구 : **I will never forgive him.**
절대로 용서하지 않을 거야.

당신 : **I know ②_____ you feel.**
그 기분은 잘 알아.

Well, why don't we go to an amusement park or somewhere on this weekend?
자, 이번 주말에 유원지든 어디든 가자.

3 어머니 생신을 잊어서 선물을 준비하지 않았다.

당신 : **I'm sorry, mom. I just remembered it was your birthday today, but I haven't gotten you anything yet.**
어머니, 죄송해요. 오늘이 생신이라는 게 방금 생각났어요. 선물을 아직 준비하지 않았어요.

EXERCISE

어머니 : **Never** ③ _____ .
신경 쓰지 마라.

I'm glad you just remembered and that's enough for me.
기억해 주는 것만으로도 나는 기쁘다.

C O L U M N

★ 여러 가지 감정 표현

- 놀람을 나타내는 표현

  놀람 또는 의심을 나타내는 표현으로는 **Really?**(정말입니까?) / **You don't say.**(설마. / 정말이에요?) / **No Kidding!**(농담이겠죠!)이 있습니다.
  '농담 한 번 했어요.'는 **I don't mean what I say**.라고 합니다. '농담이 아니야.'는 **No, I'm serious.**(진담이에요.) 등이 있습니다.

- 기쁨을 나타내는 표현

  기쁨을 나타내는 표현에는 **Great!**(좋아!) / **Bravo!**(멋져!) / **Well done!**(잘 했어!) / **Fantastic!**(멋져!) / **Marvelous!**(믿을 수 없어!) / **How lucky!**(운이 좋네!) / **How nice!**(멋지구나!) / **Good for you!**(잘 했어요!) 등이 있습니다.

- 슬픔을 나타내는 표현

  슬픔 또는 고뇌를 나타내는 표현에는 **Oh, no!**(맙소사!) / **Alas!**(아!) / **How sad!**(아, 슬프다!) 등의 표현이 있습니다.

- 비난 · 경멸을 나타내는 표현

  비난 · 경멸을 나타내는 표현에는 **Shame on you!**(부끄러운 줄 알아! / 꼴불견이야!) / **No excuse!**(변명 필요 없어!) / **Enough of that!**(이제 됐어, 그만 해!) 등이 있습니다.

- 화가 났을 때의 표현

  화가 났을 때에는 **Mind your own business!**(참견하지 마!) / **Shut up!**(입 다물어!) / **Damn it.**(제기랄.) / **Piss off!**(꺼져!) 등의 표현이 있습니다.

Answers

① **let**　② **how**　③ **mind**

MEMO

MEMO

MEMO